U0561642

人心红利

②

突破流量瓶颈的
增长方法论

江南春　著

中信出版集团｜北京

图书在版编目（CIP）数据

人心红利：2：突破流量瓶颈的增长方法论 / 江南
春著 . -- 北京：中信出版社，2022.11
ISBN 978-7-5217-4976-2

Ⅰ . ①人… Ⅱ . ①江… Ⅲ . ①品牌营销 Ⅳ .
① F713.3

中国版本图书馆 CIP 数据核字（2022）第 214796 号

人心红利 2——突破流量瓶颈的增长方法论
著者：　　江南春
出版发行：中信出版集团股份有限公司
　　　　　（北京市朝阳区惠新东街甲 4 号富盛大厦 2 座　邮编　100029）
承印者：　宝蕾元仁浩（天津）印刷有限公司

开本：880mm×1230mm 1/32　印张：8.5　　字数：168 千字
版次：2022 年 11 月第 1 版　　印次：2022 年 11 月第 1 次印刷
书号：ISBN 978-7-5217-4976-2
定价：58.00 元

成为行业头部
分众与你同行。

江南春

目录

上篇 心法：

顺大势才能有大利

去伪存真，渗入心智

消费者如果真的想买你的产品，会找不到你吗？

最近我跟很多企业的创始人交流，发现大家面临的几乎是同样的三个问题：

一是线下流量腰斩，二是传统电商红利不再，三是兴趣电商有流量但始终赚不到钱。

后来我抛开这三个问题，只问他们一个问题：

消费者如果真的想买你的产品，会找不到你吗？

这三个问题的根源在于消费者要不要你、想不想你、爱不爱你，如果消费者要你、想你、爱你，他一定会找到你的。

只要有极致的产品，消费者就会自动上门？互联网时代让每个人都能在网上发出声音，从而消除了信息不对称？

在互联网时代出现了一种观点，就是所谓的爆品战略、产品主义。

这种观点认为只要有了极致的产品，消费者就会自动上门，因为互联网让每个人都能在网上发出自己的声音，口碑传播的成本大幅降低，从而消除了信息不对称。

事实恰恰相反！信息越丰富，传播渠道越发达。在互联网让每个人发出自己的声音时，品牌与消费者的沟通效率反而开始走下坡路。你的品牌在"种草"，你的竞争对手用水军在反向"种草"，大量不同的观点让用户依旧无法做出判断。品牌，就是一种复杂信息环境下的简化器。

精力有限的消费者不堪重负，更加依赖品牌来做出消费决策。品牌作为一种信息简化器，其作用将越来越大。

少就是多，用占据有限心智来对抗无限扩展的电商货架。

随着电商的全域化，容量无限的数字化货架容纳的产品越来越多。

但是消费者心智的货架却不是容量无限的，而是非常有限，所以你在消费者心智货架上占据多大牌面决定了你能有多大的赢面，而这需要持续的心智浸泡。

消费品要掌握两个货架理论。

一是现实的货架。产品进入的终端越多，货架位置越好，卖出的概率越大。

二是消费者心智的货架。在消费者心智中，你有没有上架？能占据多大的牌面？

现实货架的渗透率 × 消费者心智货架的渗透率，就是你的综合销售能力。

消费品的本质只有八个字：深度分销、抢占心智。

产品渗透率通常有两种：一种叫渠道渗透率，另一种叫心智渗透率。

第一，产品一定要好。如果产品达不到 80 分，没有足够的复购率，那就不用玩了。在虽然产品有一定创新、一定差异化价值，但你今天做了一款爆品，别人也能来学的情况下，你怎么办？爆品会迅速被模仿。这个时候，一款爆品只有把自己创造的差异化价值，抓住一个时间窗口饱和攻击，在消费者心智中强化认知，将其与一个品类、一个特性画等号，才能够真正被固化，建立起一定的护城河，也就有了一定的不怕被模仿的优势。与其不断地在跟不完的流量上面下功夫，不如问自己：消费者选择我而不选择别人的理由是什么，我有没有占据消费者心智？

第二是深度分销。无论线上线下，尤其是线下的深度分销，问问自己有没有做好？线下为什么容易赚钱？因为是有限心智、有限货架，而线上是无限货架、无限心智。一个企业要真正在平台上赚钱，必须会品牌的算法、会人心的算法。只有掌握了人心、抢占了心智，才会有真正的溢价能力。

性价比真正的公式

消费者对"性价比"的解释已经不再是过去的"便宜又好用"，而是"和它的价格匹配"，也就是"值得"。我们现在看到的是新精致主义、新时尚主义、新健康生活，它们引领着产品和品牌升级的浪潮。

性价比真正的公式是什么？其真正的公式如下：

$$性价比 = \frac{有形价值 + 无形价值}{有形成本 + 无形成本}$$

性价比中的这四个因素在当下的竞争环境中发生了巨大的变化。一方面，由于经济全球化和区域一体化的发展，原材料、人力、采购供应等成本高度趋同，各品牌的有形价值和有形成本差距日益缩小；另一方面，任何有形的东西都是可以用价格衡量的，只有无形的东西难以用价格衡量。因此，品牌唯一的道路就是不断提升自身的无形价值，降低无形成本。

什么是最大的无形成本？获得消费者的信任成本。品牌是降低信任成本最有效的方式。品牌还可以彰显消费者的品位、身份，提供情感共鸣、文化认同等无形价值。所以，品牌的核心就是利用信任状降低企业的信任成本，利用独特性彰显产品的无形价值。

投广告就像投资，要把每一次广告投放，都当作对品牌的长期投资。

投资最重要的是要有复利思维，品牌也是一样，找到核心人群、核心媒体，长期累积品牌心智，复利的效应才会越来越大。

今年你可能赌对了一个剧，或者赌对了一个综艺，那明年呢，你还能赌对吗？今年你做了一篇刷屏的文章，明年是不是还能做出同样刷屏的文章？

品牌刷屏爆红与投资一夜暴富一样，都是可遇不可求且难以复制的。刷屏的热点与品牌的核心价值通常是冲突的。热点往往是具有强话题性、事件性的，人们关注的是趣味本身，而不是产品的核心差异化价值。

而打造品牌是复利思维，打造差异化价值，并把它固化成消费者不假思索的选择，只有这样才能享受到时间的复利。

品牌广告是一个由量变到质变的过程。

在消费者心智中建立品牌认知是需要长期积累的，先要有定位正确的广告，才能在正确的方向开始累积，而真正进入消费者心智需要十几次甚至几十次的有效触达。

这是因为以下三点：一是虽然广告投放时消费者不一定有需求，但其实已经完成了在消费者心智里的预售；二是消费者对品牌产生信任需要时间周期；三是竞争环境嘈杂，品牌需要不断重复，以强化自身在消费者心智中的认知。

消费者心智有五大认知规律。

一是厌恶复杂，二是容量有限，三是先入为主，四是没有安全感，五是容易混乱。

1. 厌恶复杂

产品过剩、信息爆炸的时代，消费者对复杂混乱的品牌信息避之不及。想让品牌信息穿透厌恶复杂混乱的消费者心智，就必须将其极度简化，最好是一个词语、一个强有力的差异化概念。

2. 容量有限

大脑只能记忆有限的信息。消费者往往只会记住一个品类中的两个品牌。如果一个品牌不能成为品类中"数一数二"的存在，就只是产品，没有品牌。

3. 先入为主

消费者对某产品形成认知后不会轻易改变。比如，霸王防脱洗发水出名后推出霸王凉茶，令消费者难以接受。所以一定要靠传播先发制人，率先将自己的差异化概念打入消费者心智。

4. 没有安全感

人们消费时面临五重风险：金钱风险、功能风险、人身风险、社会风险、心理风险。新品牌必须打消人们消费时的疑虑，比如用从众行为去克服不安全感。人们往往更相信门前排着队的餐馆味道更好。

5. 容易混乱

熵增定律指在一个孤立的系统里，如果没有外力做功，其总混乱度（即熵）会不断增大。就像房间整理好后总会再次变得混乱，品牌亦是如此。

品牌诉求的设定，在不知不觉中也会变得杂乱，这会让品牌在消费者心智中变得模糊、失焦。所以，一定要时刻保持品牌信息的聚焦。

品牌要忌贪，想说的越多越容易失败！

很多企业搞不明白"企业视角"和"顾客视角"。从企业视角看，每款产品都是企业的生命，都希望把产品的全部优点告诉顾客。但对顾客来说，企业的优势可有可无。在顾客视角下，选择哪款产品往往只是一个简单的理由。

其实，消费决策并不在企业内部，也不在行业内部，而是在消费者的心智中。

消费者心智容量有限，只能记住与需求相关的、简单的信息。企业必须找到品牌在顾客视角中最重要的那个点并总结成简单的话，最好是一个词，将其变成一根尖锐的钉子，牢牢打进消费者心智。

认知必须与品牌优势和消费者需求相匹配。如果消费者对你说的"优势"难以产生共鸣，你的产品、技术再好也没有用。

奔驰代表豪华尊贵，宝马代表驾驶乐趣，沃尔沃代表安全，法拉利代表速度。你能够在用户大脑中留下一个词、一句话就够了！

品牌广告的前期铺垫是产生购买的催化剂。

绝大多数数字媒体在评估效果时会以"最后一次点击"，即导致购买的这次点击来计算效果，这种"归因分析"把用户的购买行为归因于购买前的最后一次点击。这个模型显然忽略了一个传播规律，那就是用户在最后一次点击之前所受到的影响。

更深入的研究表明，在这次至关重要的点击之前，一个用户需要与品牌接触沟通20次以上才能产出最后一次关键结果，而且很多互动并非数字式的，而是传统式的。

品牌广告从社交"种草"到流量收割，是一个完整的因果链条，然而部分企业容易陷入一个误区。当看到一些知名品牌做了流量广告，得到了高热度和高快速转化率后，就认为流量广告有更好的效果，带来了销售。这就陷入了归因错误的陷阱中，知名品牌的流量广告转化率更高其实是果，它们前期长期坚持做品牌广告，在品牌定位上持续投入，以及经年累月积累的品牌认知才是因。

"果"的产生是一系列"因"的共同作用，不能通过归因分析就舍去了"因"。这就像一个人吃了五个包子后饱了，但不能把吃饱归功于最后一个包子。

流量广告解决的问题是"买它、买它、买它，更低价买它"，品牌广告解决的问题是"爱它、爱它、爱它，为什么爱它"。

没有爱的买是单次的、不持久的；没有品牌广告去累积、固化品牌的认知与信任，销量是不可持续的。

没有品牌的指名购买，价格只会越促越低，流量成本越来越高，利润越来越少。

这就解释了为什么大品牌始终能更强地对抗周期，不是因为它们更有钱，而是因为它们赢得了用户的"爱"。

所以，品牌才是持续的留得住的量，能带来更高的转化率，支撑你的价格。

品牌才是真正的核心关键，人心是最重要的战场，品牌赢得人心之后，流量就是结果。

没有心智份额的品牌只是短期繁荣，误把买来的流量当作自己的影响力。

巴菲特多次强调，心智份额（share of mind）比市场份额（share of market）更重要。伟大的企业必有护城河，护城河是企业能够常年保持竞争优势的结构性特性，是其竞争对手难以复制的品质。占据用户心智才是企业真正的护城河。

通过流量加持快速崛起，往往是速生的，也是速朽的。

购买流量只能解决触达率的问题，剩下的问题都要靠品牌和产品自身去解决。所有的传播手段和目的，都是让品牌在用户心智中占据一个位置。

品牌的心智地位决定市场地位，品牌的心智份额决定市场份额。

为什么电商平台上赚钱容易的都是大品牌？

答案是品牌力强，品牌自带流量、广告转化率高、溢价能力足够高。

第一，大品牌自带流量。品牌只有深入人心，才能有持续的免费流量。大品牌自带 70% 的免费流量，剩余 30% 才是流量广告带来的。

第二，大品牌流量广告转化率更高。大品牌的知名度、认知度高，所以点击广告和成交的概率也会比普通品牌高，转化率能达到其他品牌的 3 倍。比如雅诗兰黛、欧莱雅在电商平台上打广告，同样的投入成本，获得的点击率就比其他品牌高几倍。

第三，大品牌带来更大的溢价价值。大品牌有信任度、美誉度、品牌势能，能够带来更大的溢价能力。

因此，广告投放、品牌资产的累积要坚持长期主义。不仅要看到短期的销售攀升，也要看到品牌资产对于中长期销售的推动。

留不住人心的量，最终都是会流失的量。

从流量思维到留量思维，关键点在于从以流量获取为中心，转变成以品牌塑造、服务用户为中心。

流量是曝光，留量是人心。通过持续不断地渗透，最终在用户心智中建立品牌资产，打造自己的私域流量池。如果流量无法沉淀为品牌资产，再多的流量也是用完即走。

短期的快感不能带来企业长期的发展。

"广告之父"大卫·奥格威曾说过一句话："每一个品牌商都有一支笔，可以随时改写价格。"

促销的本质是让消费者以低于产品价值本身的价格购买，起初能带来一定销量，但长此以往，会导致消费者认为产品就值这个价格，造成不促不销。同时，当竞争对手也在促销时，若你的品牌力不及竞争对手，会造成促了也不销的局面。

流量亦是如此，在起步阶段也有效，但精准流量有限。随着竞争的加剧，精准流量的价格会越来越高。而泛流量的转化率较低，反而在无形中增加了企业成本，利润就很容易被流量所吞噬。

短期越奏效，长期越无效。

这世界，来得快的通常去得也快，来得慢的去得也慢。企业把资源聚焦在如何更"快"时，其实就已经输掉了。

许多企业在面临同质化竞争时只会用一招——降价促销，打价格战。这招短期越奏效，长期越无效。短期营销策略倾向于利用快速反应和低价迎合吸引消费者，难以形成品牌元气的积累和心智的持久固化。企业只想着更快地把产品卖出去，把精力都花在速度上，没有去研究积累价值的方法，因为打价格战更快，一降价用户就来，一促销用户就买。这可能会使企业得到短期的回报，但却损失了长期利益。

你打折的时候最高兴的是你的对手。

打折虽然见效快，但等于在说"别用正常的价格买我"！

而且你的打折策略只会引发对手更大程度的打折，引发负向循环。

同时，你虽然获得了短期的收入提升，但要花费更多的时间才能弥补品牌势能下降带来的恶果。

降价促销是所有营销策略中最简单的手段，砸钱投流量也是同样。如果一个企业增长的核心驱动策略只是运用最简单的手段，那这个企业从长期看没有任何核心竞争力。

不要用流量投放的勤奋，掩盖品牌建设的缺失。

短期的促销和流量也许可以帮助你完成下个月的销售任务，但是它永远不能帮助你打破价格战、促销战，永远不能帮助你走入消费者心智，取得应有的利润。没有指名购买撑死了是个工厂利润。

而现在99%的新消费公司都把90%的时间和精力投入到了下个月或者下几个月要做的促销和流量当中去了。它们只会深陷流量战、促销战的恶性循环中。

一个创始人当前真正的笃定，来自几年之前做的那个选择，他今天在享受这个选择所带来的复利。什么叫长期主义的红利？用浪漫的话说，就是当你的增长来自两三年前布下的局时，你可以充分享受那种花开见果、自然舒展的增长。

品牌才是持续的流量，时间越久，成本越低，享受时间的复利越丰厚。

融入场景，占据时空

人们每天会接触到 2000 个品牌，但不在场景中出现的品牌都与你无关。

JTBD（jobs to be done）是哈佛商学院教授克莱顿·克里斯坦森在颠覆性创新理论中提出的一个概念，就是"当（场景）……我想要（动机）……以便（满足情感和生活的意义）……"。这套任务模型的前提是要有一个"场景"，而场景和消费者是强关联的。

在今天这个时代，"物"本身已极其丰富，功能性的重要程度已经逐步让位给解决方案，"人"在每个场景的问题、情感和生活意义都需要有系统的解决方案来满足，场景需求的触发是最大的商业增量。

在产品同质化的背景下，产品的本质属性、功能属性所能满足的需求极易被替代。同时，消费者的需求随着经济能力的提升逐渐变得更多元、更复杂，更多的需求则是潜在的，需要在场景中去唤醒、去挖掘。

"怕上火喝王老吉"是功能，熬夜看球、加班加点、烧烤吃火锅是场景。很多起步的品牌是靠功能打造卖点，成熟的品牌更多地靠场景触发消费。绝味鸭脖"鲜香麻辣"的卖点在起步的时候吸引了大家的尝试，今天在大家都耳熟能详的时候如何通过场景触发消费呢？在写字楼的广告语是"没有绝味鸭脖加什么班！"，在公寓楼的电梯广告语是"没有绝味鸭脖追什么剧！""没有绝味鸭脖看什么球！"，所以有场景才有消费。

所以吴晓波老师在年终秀上说，只有在场景中出现，能让你多看两眼的品牌，才是跟你有关的品牌。

消费者 60% 的交易都发生在"3 公里生活圈"。

"3 公里生活圈"是零售业里很重要的概念，吃饭、娱乐、养宠物、美妆等都是常见的"3 公里生活圈"场景，它们对品牌的线下销售至关重要。品牌可以根据自己的门店、终端，选择 3 公里范围内的社区、写字楼进行广告投放。覆盖"3 公里生活圈"，可以缩短消费者从"看广告"到"到店消费"的转化路径。

如果预算有限，可以聚焦品牌销售终端周围 3 公里的生活圈。

分众的智能屏可以根据每个楼宇的大数据分析，进行电梯海报和电梯智能屏"千楼千面"的精准投放。

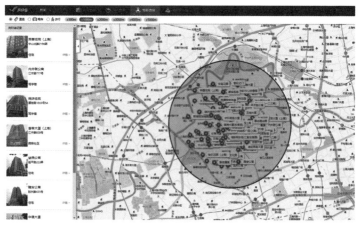

图 1-1　分众 FPS 系统—基于 LBS 和分众大数据的精准选点系统

> **消费趋势从价格敏感向价值敏感跃迁，基于价值敏感性的场景成为首要法则。**

场景颠覆了传统的流量入口，创造和激发用户的需求，切中用户在特定场景中的痛点、痒点和兴奋点，激发购买冲动，创造商业增量和溢价。

流量时代适合刚需、显性的有规律的需求。电商平台在满足顾客需求的同时，也培养了用户对价格的敏感；电商平台之外的消费趋势在发生变化，正从价格敏感向价值敏感跃迁。

在很多领域，消费者的观念已发生改变，逐渐从社会认同、注重消费符号转向注重自我个性表达，品牌不是消费者必须仰望的。消费者希望品牌能代表自己的品位，代表自己的生活理念，这种"悦人"到"悦己"的转变值得关注。

商业与品牌，也从大众时代的功能商业转向精众时代的精神商业。消费者不再仅仅注重商品的功能，对外包装、产品理念等元素也同样看重。因此，每个品牌都要赋予用户精神标签，而且要反复强化。

只有在场景中，消费者的潜在需求才能被激发，从而带来新的增量。

把品牌和场景关联，也就是把某一需求和品牌关联：消费者看到场景，潜在需求被唤醒，关联的品牌就会第一时间进入脑海。

有别于新品牌需要先建立认知再刺激需求，消费者对成熟品牌的认知已经存在，只需要在新的场景中去唤醒品牌认知，所需时间成本少，但唤醒效果巨大。这意味着成本的大幅降低和生意的主动增长。

广告的目的是建立条件反射和认知定式。

人们很容易受到词语"魔咒"的影响，品牌的一个广告词或一种概念一旦形成，其引力会不断作用于顾客的感官，影响顾客感知，形成心理定式。

这个"魔咒"对品牌会产生巨大的优势。

第一，让消费者在潜意识里认为它更安全。

心理学家巴甫洛夫认为，暗示是一种最简单、最典型的条件反射。从心理机制上讲，它是一种被主观意愿肯定的假设。虽然未必有根据，但由于主观上已经肯定了其存在，心理上便竭力趋向此。因此，做品牌要懂得抢先进行心理暗示，实现的最有效途径便是"不断重复"。因为重复会引发熟悉感，时间长了，人们对于所熟悉的概念就更容易喜欢，潜意识里觉得更安全。

第二，消费者优先基于潜意识的条件反射做选择。

人的动作有 70% 受潜意识的影响，选择品牌也同理。消费者在购买产品的时候，会优先基于潜意识的条件反射而做出选择。所以，品牌一定要成为消费者不假思索的选择。

消费者从接触广告到完成购买要经历 5 个阶段：引起注意、产生兴趣、培养欲望、形成记忆、购买行动（AIDMA 营销法则）。

品牌广告侧重于前四个阶段，流量广告侧重于最后的购买阶段，两者环环相扣。

"引起注意、产生兴趣、培养欲望、形成记忆"这四个阶段，重点是要在消费者的心智中建立对品牌的认知基础，能对消费者的"购买行为"更有促动性。品牌广告因其主要输出品牌的差异化价值信息，更侧重于服务前四个阶段，而流量广告的内容往往包含引导购买的信息，则更侧重于服务最后一个阶段。

对于品牌认知有限的产品，即使购买流量广告，由于消费者对品牌的认知基础不牢，其转化效果也不会比品牌知名度更高的产品好。而若空有品牌认知，消费者获取不到购买信息，也无法顺利完成购买。

品牌广告和效果广告都是商业发展的必需品，不存在相互替代。

◗ 效果广告和消费者之间，是典型的"静默消费"。

推送到位，你就可能下单购买了。这个过程是不为人知的，不能产生那种典型的人际传播和相互影响，没有二次、三次的传播效益，更没有品牌势能的积累。如果是电视广告，你可能在客厅里讨论；如果是电梯广告，你可能和同事交流；但效果广告如同在卧室里私订终身，只有你知我知。而大媒体引爆品牌如同广场求婚，决策者、购买者、传播者、影响者都知道了，形成了社会共识和场能。

从企业角度来说，它们都希望广告精准，都想要打中那些会产生购买行为的目标受众。从营销角度来说，市场连锁效应由决策者、影响者、购买者、体验者、传播者这五种人群产生。既要影响购买者，也要影响购买者背后的决策者，最后还有传播者。消费者的需求、购买力、认知会随着时间改变，一个人现在不是某品牌的顾客，未来却可能是。所以，大品牌打广告要敢于扩圈，形成社会共识。

广告是个反人性的行业，没有人愿意看广告。

广告就是一种打扰，一种中断。

我们真正应该思考的是：如何把广告放在一个消费者会主动去看的特殊场景中，让广告取得有效注意力，从而实现它的价值回归。

我做了 30 年广告，发现广告是个反人性的行业，没有人要看广告。消费者看电视、看手机，不是来看广告的，而是来看内容的。

我当时就问自己，消费者到底什么时候会看广告？

我发现只有在电梯这个独特的、必经的、封闭的场景中，消费者才会主动看广告。因为在这个场景下，广告帮你打发了无聊，化解了尴尬。

"场"是时间和空间，"景"是情景和情绪。

在等电梯、乘电梯这个时间和空间里，独特的场景产生了用户主动观看广告的价值，在片刻的无所事事中，用户天然地需要有信息来填补大脑的空白。

开创分众是因为发现了一个几亿人每天必经而且会主动看几眼广告的稀缺性场景。

互联网时代的今天，大家每天刷手机的时间超过 6 个小时，绝大多数人都没有意识到自己已经"路过"了上千条广告。因为用户都是来看内容而不是看广告的。任何在内容平台上出现的广告，消费者都不会在意。互联网的流量广告会受到内容的诸多干扰，但你能记住电梯间的广告，是因为乘电梯符合看广告的场景，乘电梯的人有看广告的情景和情绪。在电梯场景下，你处在比看广告更无聊的时间和空间中。看手机？电梯里信号不好。看旁边的人，或者目光落在电梯门上呢？感觉也不太合适，好像不自觉就去看广告了。在这个场景下，电梯广告反而帮你打发了无聊，化解了尴尬。

电梯媒体给品牌创造了一个强制触达消费者的场景。

在信息爆炸甚至粉尘化的时代，有那么多的 App（应用程序）、那么多的栏目、那么多的热播剧……选择太多，对用户来说是好事，但对广告主来说却是灾难。

有效的场景广告是"天时、地利、人和"，充分结合时间、空间及用户需求。

第一，天时：找用户注意力的空隙，使其停留并接受。

一个有效的广告，只有在恰当的时间出现，才能让受众停留并接受。这个"恰当的时间"必须是要受众处于注意力空闲或相关的状态，例如消费者在等电梯的时候。这个时候广告可以打发无聊，消费者对广告的接受度也往往较高。

第二，地利：用户的必经之地，让广告充分曝光。

选择消费者每日必经的投放渠道，同时充分结合投放渠道的特点来设计广告创意、形式，高频次触达，让广告充分曝光。

第三，人和：从用户立场和情感出发来进行广告创作。

真正把用户需求放在第一位，从用户的视野、立场、感知和情感角度出发来进行广告创作。好的场景广告内容能主动创造购买冲动，通过激发用户的需求，切中用户在特定场景中的痛点、痒点和兴奋点，来激发购买冲动，是"天时、地利、人和"的充分结合。

让用户无法回避的广告，往往才是广告主最好的选择。

获得有效注意力是一切商业活动的起点。它的界定方式不是消费者"看"，而是消费者主动"看到"。互联网很发达，人们每天获取的信息越来越多，但真正看到、记到脑子里的信息却越来越少。

"看"指广告触达了消费者，但消费者不一定接收到了广告。"看到"指广告被消费者真正地接收和阅读。

电梯媒体之所以能够成为让消费者记住广告的优选媒体，被众多传统品牌和新消费品牌追捧，是因为它是消费者必经的、封闭的场景。在这个场景中，顾客没有其他干扰，也无法选择主动跳过广告，使得电梯媒体广告成为几乎唯一的让消费者无法回避的广告形式。

广告费的一半真的浪费了吗？

广告界最著名的一句话就是："我知道我的广告费有一半浪

费了，但不知道那一半浪费在哪里。"

其实对于这句话，"广告之父"已经给出了答案。大卫·奥格威在《一个广告人的自白》中直言："你觉得没浪费的那一半，它贡献给了成交用户；你觉得浪费的那一半，实际上贡献给了潜在用户。"

广告费的一半投在了你的目标消费者身上，另外一半可能投在了潜在消费者身上。他们不是购买者或决策者，但可能是影响者和传播者，最终这些传播都会构成品牌社会场能的建设。

"营销之父"菲利普·科特勒先生讲过，品牌要形成社会共识，必须打动五种人群：购买者、决策者、影响者、体验者、传播者。品牌既要影响购买者，也要影响购买者背后的其他人群，消费者的需求、购买力、认知会随着时间改变，现在不是某品牌的消费者，未来可能是。

凡是算不出 ROI（投资回报率）的广告都不该投？凡是能算出 ROI 的都太难投！

广告业 5 年前有句话：凡是算不出 ROI 的广告都不该投。现在大家觉得：凡是能算出 ROI 的都太难投！因为你的流量算法再好也算不过平台，平台把你的 ROI 都算透了。没有强大的品牌，你一边与对手拼促销，一边努力拼内容、拼流量，到头来只是没有利润的打工人！

互联网广告每一次展现、点击、转化都可以被追踪，因为这一特点，很多企业以 ROI 作为广告的导向，这是一种"可计算的安全感"，但 ROI 导向使企业更倾向于使用立刻见效的促销和流量形式，最终引导企业一步步走入量价齐杀的泥沼。

流量精准度是以市场渗透率为代价的，流量时效性是以品牌自主权为代价的。

美好的品牌形象广告是领导品牌的光环，跟随者盲目效仿反而容易陷入误区。

广告语要传递选择你而不选择别人的理由。

不要做过于情怀导向和价值观输出的广告，那是成功者的特权。

耐克不是因为"just do it"（想做就做）而成功的，是因为成功了才可以说"just do it！"这是一个很多中国品牌都会踩进去的陷阱。一是因为人们很容易将耐克成功的因果关系颠倒过来，认为耐克凭借这条广告语获得成功；二是美好的广告语似乎更易打动企业家。但是广告的目的是打动消费者，而非打动企业家。

很多企业都容易陷入自我视角，喜欢看起来"高大上"的广告。但是在品牌还没有深入人心的时候，广告要表达的核心是消费者选择你而不选择别人的理由。如果品牌的传播内容定位不准确，再多的传播也难以形成可观的销量。因为消费者只有经历"认识—认知—认同"的过程，才能过渡到购买、复购的环节。

一个优秀的品牌战略要同时满足三个"点"：既能体现产品的优势点，又能反映与竞品的差异点，更能直击消费者的痛点。

差异点决定定位，优势点支撑定位，痛点使定位能够连接顾客需求，"三点合一"的品牌战略才能帮助企业突围，形成差异化的购买理由，带来持续的良性增长。

广告语是品牌竞争战略的浓缩。怎么判断你的广告语是否"三点合一"呢？

有这样三个标准：第一，顺应顾客认知，顾客认；第二，协助销售成交，销售用；第三，直击竞品痛处，对手恨。

找到好的广告语通常有三个方法：第一，逼死老板；第二，访问销冠；第三，采访忠诚客户。

好的广告语，一定是能够快速对接消费者需求，给出消费者独一无二的选择理由的，可以从下面三个方向进行挖掘。

第一，逼死老板：刨根究底地问老板，如果面对客户的时间只有 5 秒，怎么简单地用一句话说出产品和主要竞品的差异？

第二，访问销冠：他们一定是说对了什么，击中了用户心智，最终成为销售冠军。

第三，采访忠诚客户：忠诚客户不仅会买你的产品，还会向别人推荐。问问他们向别人推荐你的时候是怎么说的。

打了广告效果不佳通常有四个原因：内容不对，投放量不够，社交种草不力，流量收割不行。

第一，品牌定位和广告内容不对。

媒体的核心是触达，触动消费者的关键是广告内容。信息已经触达了，为什么没有触动消费者的心？建议仔细考虑品牌定位。

第二，媒体投放量不够，没有打透。

广告效果是慢慢累积的，一旦越过量变到质变的拐点，品牌就会有溢出效应。如果钱不够，就要聚焦核心媒体、核心区域，要穿透核心人群的心智。

第三，社交种草不力。

信息触达后产生兴趣的消费者会到网上去看用户评论，这个评论内容是有利于购买，还是对购买构成阻碍？要加强社交种草和搜索优化。

第四，流量收割不行。

信息触达后铺货是否充分，货架牌面是否够大，导购是否做好引导，电商搜索排行是否理想，站内露出做得如何，导流情况如何，等等。如果以上工作没有做到位，就难以有效承接广告带来的流量。

打破茧房，三"认"合一

在一个人的朋友圈里刷屏的那篇文章，在另一个人的朋友圈里却从来都没有出现过。

今天，消费者获取信息的渠道都有一个共同的特点，就是投其所好，定向推送。算法的存在提升了交易的精准度，但线上流量广告的精准投放容易造成"信息茧房"效应，遗漏了许多潜在消费者和可能影响消费决策的相关作用者、体验者、传播者。广告变成了"窄告"。

过于依赖算法会让品牌陷入两个困境。

第一，困在自己的"信息茧房"，忽视了外部的广谱人群。

有的品牌只是在搭建自己的信息茧房，并没有把品牌和产品信息传播到外面更为广谱的人群中去，最终也只是在自己的小世界里自嗨，不能到达引爆点从而构成社会共识。

第二，投放价格水涨船高。

一旦品类内的品牌变多，竞争加剧，大家都会增加投放，争抢精准目标人群。但是精准人群就那么多，这会导致流量价格水涨船高，品牌需要花费越来越多的费用才能继续触达精准人群。

只有品牌是真正的算法，"算"准人心才是真正的算法，才是更高级的算法。

光靠精准营销，能成就品牌吗？

流量打法需要高转化率、高 ROI 支撑，越精准的人群标签转化率确实越高。然而标签越精准，意味着人群数量越少。当品牌试图到更大的人群池中获取增量时，ROI 就会变得非常难看。

同时，你只能收集到目标市场中部分消费者的部分数据。就好像树上有 100 只鸟，往往只有 20~30 只露出了痕迹，被追踪到，而另外 70~80 只潜在的目标根本就没有被发现。

你可以说：没事，不是按效果付费嘛，用户没有点，我也没有产生花销啊。是的，但是你损失的是宝贵的时间窗口和市场机会。如果竞品抓住这个时机进行大规模品牌引爆，结果会怎样呢？

要走出流量困境，必须让品牌在更大的流量池中实现规模化引爆，吸引更大规模的人群关注，从而赢得指数级增长。

例如一个纯互联网品牌，在精准投流到几百万元 / 月时就会进入瓶颈，因为精准流量用完了，此时光靠投放 A2（轻交互人群）和 A3（深度交互人群）这两类精准人群已难以增长，必须去投 A1（被动人群）这类非精准人群。但流量平台上百元的 CPM（千人成本）广告，其 ROI 难以计算，这时可以选择分众等规模化平台十几元的 CPM 广告去打击 A1 人群，低成本、大规模地去打 20~45 岁的城市主流人群，充分触达潜在用户，在形成心智认知之后流量平台再跟进，A2、A3 互动人群会大幅增加。

营销人的认知，并不是消费者的想法；营销人感兴趣的，消费者不一定感兴趣。

营销视角和消费者视角有着巨大的差异。营销人员长期身处营销圈，更多接触 KOL（关键意见领袖）、KOC（关键意见消费者）的内容。因为利益相关，他们会对这类内容更敏感，记忆度也更高。但是回到消费者视角，他们一天会接触上百个 KOL、KOC：首先，这个巨量的信息冲击让消费者很难记住每个营销内容；其次，消费者在看 KOL、KOC 时，更加在意本身的内容，注意力往往不在广告上，甚至可能看到广告便直接刷走。因此你会发现虽然投放了很多广告，但消费者接收不到，对品牌的认知依然有限。

凯度《媒介触点体验风向标研究》是全球规模最大的媒介资产评估报告，它指出营销人员与消费者对不同渠道广告的接受度存在差异。

营销人员净偏好使用的某些社交类媒介及线上广告类媒介，诸如网红内容营销（净偏好率87%）、社交平台内容赞助（净偏好率78%）、信息流广告（净偏好率69%）、线上展示广告（净偏好率64%）及线上视频广告（净偏好率59%），消费者往往无感，净偏好率仅在10%左右甚至以下。

品牌引爆通常有三个路径：融入或开创社会重大事件和重大话题，融入重大娱乐节目和赛事，融入消费者日常生活空间。

第一，融入或开创社会重大事件和重大话题。

有些品牌确实依靠关联社会重大事件和创造话题而破圈，但这条路径限制性很大。一来重大事件和话题可遇不可求，很多品牌都在努力尝试创造话题，但真正破圈的有限；二来可复制性不强，互联网越来越碎片化，传播节奏也越来越快，同一个话题说第二遍就已经没了新鲜感。

第二，融入重大娱乐节目和赛事。

中国有三四千个电视节目，但不是每个节目都能取得像《中国好声音》《爸爸去哪儿》等节目一样的成绩，而且仅仅赌对了还不够，还要成为最厉害节目的冠名赞助商才有效。融入重大娱乐节目和赛事的核心意义不是曝光，而是能吃到这个内容的多少能量。往往只有冠名赞助商才能吸走绝大多数的能量。

第三，融入消费者日常生活空间。

融入消费者日常生活空间首先能够保证广告的曝光，其次能够和消费者的生活产生真正的关联，增加消费者关注广告、接收信息的确定性。想清楚你的受众是谁，将自己的广告融入他们的生活空间中去。例如受众是商务人群、商旅人群，相对应的生活空间就是公寓楼、写字楼、机场；受众是年轻人群，那对应的生活空间就是公寓楼、电影院；做的是快消品，那对应的生活空间就是公寓楼、卖场；以此类推。

品牌不仅要关注"说什么""怎么说"，更要关注"在哪儿说"。

媒体环境、媒介本身与内容信息共同影响着用户对品牌的感知。

媒介思想家马歇尔·麦克卢汉在《理解媒介》一书中提出"媒介即讯息"，以传播学和媒介环境学的视角观察社会，媒介本身对人的影响甚至会超越其所承载的信息。

"媒介即讯息"提醒我们，媒体环境、媒介本身与所承载的内容一样影响着我们对一个品牌的"感知"。品牌传递的核心信息由内容和内容载体（媒介）共同完成。因此，品牌所要传达的内容和通过什么媒介、在哪儿传递一样重要。

把品牌广告投放在主流媒体，暗示着高品质、值得信赖，品牌的内容也更易被接受。

反之，如果品牌广告在边缘化的媒介曝光，随之而来的低效触达及混乱嘈杂的品牌形象，反而让品牌传递的信息受到阻碍。

"他强由他强，清风拂山岗"，用确定的媒体逻辑打赢不确定的市场。

主流人群不太看电视，看视频是付费去广告的，看社交媒体则很少关注广告。想赌对社会重大事件或押对当年最好的综艺，往往可遇不可求。

正如凯度集团大中华区首席执行官暨 BrandZ™ 全球主席王幸所说：线上"双微一抖"的内容营销和线下分众场景营销的组合，是当前最具确定性的组合。

"内容为王"的时代已经过去，现在已经是一个线上内容和线下场景必须无缝衔接的时代。利用内容在线上让顾客深入感知品牌，利用场景在线下让顾客与品牌建立强关联，从而完成一个消费行为完整链条的建立。线上消费者不太注意广告，"双微一抖"加小红书的内容海量种草和线下以分众传媒为代表的公寓社区、写字楼、商场影院等日常生活场景的高频触达，两者的交互和共振是后疫情时代助力品牌强劲复苏和增长的核心推动力。

完整的营销链要做到"三合一"：第一是品牌广告直达用户，第二是社交种草内容营销，第三是引导收割。

品牌打造全路径应该是"认知—认同—认购"，这三点缺一不可。

第一，关于认知。

品牌广告高速直达用户，目的在于抢占认知。这一步能够清晰告诉消费者，你是什么品牌，与其他品牌有何差异，何以见得。

第二，关于认同。

社交种草进行内容营销以寻求认同。这一步具体告诉消费者你有什么价值、与对手相比有什么优势，大家用完评价如何。

第三，关于认购。

引导收割，在实体终端和电商终端用导购、导流等方式引导用户做出最迅速的购买决策。

哪里有判断，哪里就有噪声。

诺贝尔经济学奖得主丹尼尔·卡尼曼在《噪声》中写道：哪里有判断，哪里就会有各种各样的信息来干扰你的判断，这就是所谓的"噪声"。

判断不等同于思考，"做出迅速判断"往往依靠直觉而非理性，因为大脑倾向于根据印象更鲜明的信息来快速做出判断。理性思维的作用主要是后期的合理化，不管买对了还是买错了，重要的是你会自己给出合理化解释。在无法回避噪声的世界里，品牌就成为降低消费者判断成本的重要手段，用来简化消费者的决策过程。

在无法回避噪声的世界里，品牌要如何穿越噪声？

首先在消费者端，向消费者不断传递品牌差异化价值，并且不断重复，帮助消费者屏蔽影响选择的噪声。

其次在运营端，品牌传播的时候也要确保向消费者传递的信息都是同一个信息，企业要确保自己不发出太多噪声，让顾客做更简单的选择。

核心是聚焦差异化价值，通过可见度非常高的中心化媒介以高频的方式引爆品牌，以足够的能量场和冲击波穿越噪声。

优势最大化才是营销，木桶理论只能平庸。

传统管理学中有个"木桶理论"：一个桶能盛多少水，取决于最短的那块木板。

而营销恰恰相反，优势最大化才能让你脱颖而出。木桶理论只会让你平庸，因为消费者对你没有明确的记忆点。

盖洛普公司的《发现你的优势》也告诉我们，短板是不可能被修补成长板的，你更应当识别你与生俱来的优势长板，并利用它们建立你的核心竞争力。

所以，品牌在设计时要做减法，突出你最长的长板比展示若干个非长非短的优势更容易建立品牌认知。阐述七大优势、八大卖点的结果是消费者一个也记不住。

品牌在不同的阶段，要采用不同的打法。

许多人的失败在于，方法都正确，但阶段错位了！

创业起步时，要开创独特的差异化卖点，通过精准分发、精准种草，找到并抓住原点人群。

达到几亿元规模时，要用品牌定位加引爆破圈，成为某个细分品类之王。

做到几十亿元规模时，要通过新品破圈、场景开创，激发更多潜在的商业增量。

冲到百亿元规模以上时，要不断巩固自身品类领导地位，拉升品牌势能，建立文化认同、情绪共鸣，输出品牌价值观，最后成为领袖品牌。

你可以模仿可口可乐的产品，但不能模仿可口可乐在消费者心智中的位置。

产品容易被模仿，差异化的品牌认知一旦进入心智就不容易被模仿。

1969 年，皇冠可乐选择普通消费者进行了一百万次盲测，发布广告告诉大家，它以 57∶43 赢了可口可乐，以 53∶47 赢了百事可乐，盲测中它是更好喝的可乐。后来，可口可乐做了同样的测试，不同的只是在测试时把每个品牌的可乐罐子放在旁边，结果就发生了变化。可口可乐又回到了第一的位置，百事可乐第二，皇冠可乐排在第三。虽然皇冠可乐在盲测中取胜，但当品牌充分展示出来时，还是会被认知更强的品牌轻易打败。

品牌会充分影响人们对产品的感知和体验。

营销的三级思维：捡钱思维（更低流量成本），挣钱思维（提高投放产出），品牌思维（抢占用户心智）。

营销"内卷"无处不在，本质上是在局部战场开展低水平的重复和竞争，忽视了全局的底层思考。众引传播合伙人陈陶琦在新匠人新国货促进会分享了一个观点，大多数新消费品牌还停留在捡钱思维（更低流量成本）和挣钱思维（提高投放产出），所以陷入内卷中难以自拔。

只有升级成品牌经营思维，建立品牌差异化价值，建立消费者的心智偏好，建立品牌势能和溢价能力，品牌才能从源头上实现可持续、高质量的增长和正向循环的复利。

促销曲线最初是有效的，后来就不促不销，促了也不销。流量红利消失后，销售在一定程度上就进入了瓶颈。今天获得成功的这些公司，无一不是走向了品牌曲线，竞争的是消费者的心智所有权。

品牌曲线一开始需要进行品牌资产的积累，增长可能会慢一些，但是当品牌积累了足够的能量，就会产生指数级的增长。

在今天的中国市场，真正有价值的公司是抓住了城市主流消费群，即年轻人和中产阶层的消费升级，开创了差异化的价值。他们要么开创一个品类，要么开创一个特性，实现了对价格血战的超越，完成了品牌的打造，最终在消费者心智中占领了一个独特的位置。

化危为机，乘势出击

非常时期要敢于出手，把危机转化成商机。

我经常和很多优秀的企业家交流，最大的体会是他们的观点很一致，认为有危机、有寒冬不可怕。因为危机和寒冬到来的同时市场也会重新洗牌，每一次危机都是品牌集中度上升的时候。

疫情背后的真正危机其实是同质化的供给和对促销流量的依赖，这些危机因为疫情被放大。有些企业在增长困难的时候还在做重复性的扩张，还在提供同质化的供给，没有自己的特色，没有核心的差异化价值，就会陷入同质化危机当中。同质化供应之后市场不好，大家都在搞促销、搞流量，这就导致了促销和流量依赖的危机。流量成本越来越高，ROI逐渐走低，一旦停止流量投放，销量就大幅下滑。

疫情是品牌力的试金石，危机是强品牌的大机会，只有在消费者心智中建立起清晰的品牌差异化价值，才能构建长期的、核心的竞争力。

在所有充满竞争的市场中，总有有雄心的公司抢先同行，提前一步抢市场、打品牌、占份额。

市场低迷的时候，品牌是最大的马太效应。

在市场低迷的时候，人们在消费上会更为谨慎，把钱花在更稳妥、更具确定性、信赖感更强的品牌上。

很多品牌会在这种情况下丧失做品牌的决心，进而把资源投在保住销售上。这会是一个品牌投放的相对空窗期，在这种情况下加大品牌投入，你会获得平时3~5倍的关注量。

市场低迷期，优秀的品牌要敢于出手，抓住拉开差距、扩大份额的好时机。

IPA DATABANK在一项关于品牌营销有效性的研究中发现：面对经济下滑，削减品牌营销预算可能有助于保护短期利润，但在经济复苏后，品牌会变得更弱，利润更低；而聪明的企业在品牌营销上投入了更多的资金，因为经济下滑期的市场噪声更小，更易赢得更大的份额，从而有能力实现长期赢利。

营销传播往往最贵的才是"最便宜的"。

现在大家都想省钱，但广告的选择远比消费品复杂，便宜的广告往往意味着付出更大的代价。

有限的曝光无法形成广泛社会共识的引爆效应，低频的触达无法突破血脑屏障形成记忆，低劣的媒体品质和混乱的广告环境会拉低品牌形象。最终，品牌无法获得强有力的背书，无法让消费者有信任，让经销商有信心，让团队有士气，从而错失了机会窗口。

最贵的往往是最便宜的，最便宜的往往是最贵的。

当企业错失时间窗口，付出的代价才是最大的。

生存下来的最好方法就是成为头部！

在规模接近或赛道接近的企业中，头部企业的生存概率要大很多，不是头部的企业则被淘汰率高得惊人。疫情只会清扫市场的弱者，让品牌集中度大幅提升！

而所谓头部的标志，就是你的品牌至少是消费者心智中排名前三的选择。疫情越严峻，消费者的思考决策就越困难，头部品牌就越有优势。

有认知就有选择，有消费者的指名购买，你就不太容易陷入价格战、促销战、流量战，这就是破圈的真正意义。

有势就有利，取大势才会有大利，才会有长远之利。

有势就有利。顺势而为，应势而谋，因势而动，做事情往往会事半功倍。品牌也是如此，建立普遍的社会共识和社会场能至关重要。

取大势才会有大利，才会有长远之利。品牌没有势能，就算赌对了赛道，抓住了流量的红利，也只会是小利、短利。

消费者的认知也是一种势，所谓"人心所向"，指的就是认这个"势"，市场竞争中处于败势的公司其实就是在消费者的心智认知上不占优势。"势"是力量的放大器，企业应把取胜的重心放在寻求和创造有利的态势上，而不是局限于具体的战术对抗或一城一地的得失。

借助"势"，顺应"势"，审时度势，顺势而为。在大势中把握战略性机会，最大的胜算就蕴藏在大势之中。

终局决定布局。竞争取胜的核心不是做更多的事，而是做更关键的事。

企业创始人焦虑的原因往往是布局太多，其实可以减少动作，聚焦到核心的问题上。有些工作是永远在博弈且不会有胜算的，有些工作是只要做下去就会有时间的复利。

当你陷入战术级的努力，囿于具体的战术对抗，困于一城一地的得失时，往往就会陷入死循环。不能为了战术的胜利偏离了战略目标，也不能用简单的战术组合去取代战略。如果你的每一次努力不能累积品牌价值，那只会越来越忙、越来越焦虑。

千万不要做很泛化的事情，一定要聚焦。聚焦有两重含义：一是心智战场上的认知聚焦，二是物理战场上的运营聚焦。认知聚焦是品牌必须主张一个独特而有价值的定位，并保持信息传达的一致性。运营聚焦是减少无效或低效的运营活动，在非核心地带做减法，将释放的资源在焦点处做加法。

不要努力做得更多，而要努力做得更少！

面对诸多挑战，不是要比以前做得更多，而是要做得更少：聚焦产品创新，聚焦消费者心智打造。面面俱到的产品是不存在的，只有在某个细分的功能、人群、场景成为首选，才能杀出重围。

德鲁克先生说，企业其实只有两个功能：第一个是创新，创造差异化的产品；第二个是通过市场营销，成为顾客心中的首选。

市场越不景气，就要做越少的事情，只有这样才会有更好的回报，因为管理从来不是管理结果，而是管理好关键的因果。目标太多等于没有目标，单点突破更胜于面面俱到。

多一点战略思考，少一点战术计较。

消费需求下降时，是不能靠精细化运营来解决增长的。我们在战术上是过于勤奋了，做了太多不具有累积价值的事，不断与平台、算法甚至不确定的市场博弈。

战术上的勤奋解决不了战略上的问题。什么是战略上的问题呢？其实就是有没有机会在一个细分功能、细分赛道、细分场景、细分人群当中成为首选，在消费者心智中拥有一个选择你而不选择别人的理由。

品牌属于典型的战略问题，不思考品牌的突破，你就会掉队。我们应该聚焦核心的问题，做确定的、可以重复的、累积的事情，"结硬寨，打呆仗"，才能享受时间复利。

品牌广告见效真的"慢"吗？

务实的老板们大多会将 KPI 着眼点放在清晰的获客上，这也成为一个通病：KPI 替代了品牌的实效增长，成为企业追逐的绩效目标，即所谓的"KPI 短视症"，忽视了真正需要创造的品牌价值。没有品牌价值的累积就没有护城河，当模仿者开始打价格战时，你的利润和 KPI 很快就会被打下来！

凯度研究证实，在真实市场环境中，有 70% 的销售在中长期发生，由品牌资产贡献，短期直接转化实现的销售仅占 30%。长期有效的品牌建设不但能提高销量，而且能带来更高的溢价。

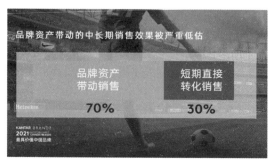

图 1-2　品牌资产带动的中长期销售效果

或许，在信息过载的当下，通过高频反复触达的方式，穿透用户的"血脑屏障"，是需要一定的持续性投放的。这样可以在用户心智中留下不可磨灭的烙印，能更长久地见效。

而且，通过这样的方式，你的每一分投资都没有白花，因为沉淀在了用户的心智里。反复持续会形成品牌的高势能和心智垄断，只有这样才能形成品牌资产，才会给你那70%的销量回报。

分散资源是最大的风险，要把所有的鸡蛋放在一个篮子里。

压力之下，人们会有一种错觉，即把所有的篮子里都放上鸡蛋才是最安全的。但是这会降低企业对单一市场的渗透率，10个渠道各1%的渗透率，不如1个渠道共10%的渗透率。因为1个渠道中10%的消费者会引爆剩余90%的消费者。

所以要聚焦一个关键的细分市场，高密度覆盖消费者，高频度"打扰"消费者。当频度超过一个临界点时，整个市场会被自动引爆，实现指数级增长。因此要集中资源一次性单点引爆，制造营销的"穿透效应"。

市场竞争的本质就是对主动权的争夺。

衡量标准有两个：流量主动权及议价主动权。

流量主动权体现在自然搜索和免费流量的提升，主动想和品牌合作的渠道越来越多。

议价主动权体现在市场定价能力和毛利率的提升，以及与伙伴之间的合作成本降低。

品牌的强弱是决定资源流向的重要因素。你是强品牌，各种资源自然向你靠拢，以滚雪球的方式撬动越来越多的资源。而使得雪球持续滚动的动能，就是品牌的力量。

消费者面对不同品牌所呈现出来的强和弱，会下意识地在头脑中形成判断的优先级。在优先级的促使下，他们会对那些更有名、更强大的品牌给予更多的关注和褒奖，从而使这些品牌变得更强大。

◖ 商战就是三个字：稳、准、狠。先胜是稳，击虚是准，并力就是狠。

商战中饱和攻击的原理其实对应了计量经济学中的"阈值效应"的概念，只有当营销力量在市场中达到一定量级时，才能突破消费者的认知阈值，越过量变到质变的拐点，取得显著收益。

杰克·特劳特的《商战》也有对应的观点："要进入消费者的大脑，一定不是和风细雨，而是暴风骤雨。"因为消费者的大脑有一个屏障，你如果达不到90分是很难打动消费者的。

商战要讲兵力原则、火力原则，要有压倒性的甚至碾压式的优势。如果预算不够，不能广泛地碾压，可以聚焦一个省或一个城市，在一个范围内把它打透。如今的传播环境下，消费者处于信息爆炸的状态，大脑有屏障。如果做不到打透，消费者根本记不起来你的品牌，投入也会被白白浪费。

最有效的击虚手段是打击对手强势中的弱点。

所谓击虚，就是从全局出发，选择和利用对手关键而脆弱的环节作为打击目标。

首先，如何确定主要作战方向？

"击虚"是《孙子兵法》中的一个核心法则，强调的是突破方向的选择。有选择地打，选好你的破局点。避免从正面进攻对方那些强大、设防坚固、具有优势、不好打的地方，选择对手关键而脆弱的环节作为打击目标，通过一点的突破，带动战略全局的发展。在对手最虚弱的时候突破，在对手最薄弱的环节突破，在对手最意想不到的地方突破，利用对手的混乱、大意、不备，当然也包括利用对手出错的机会来实现突破。

其次，"击虚"很重要，但是"逢虚必击"吗？

并非如此。有些"虚"并不是要害和关键之地，就是打下来对整个战局也起不了多大作用。最好的"击虚"之处不单是对手易受攻击的地方，而且应该是会给对手造成重大伤害的地方。这样的突破点和由此打开的方向才有重大的战略价值。而对手最薄弱的地方往往是在他最强优势点的反面，击这个虚就是攻其不可守。

拥抱变化很重要，赌对不变更重要！

广告营销专家马修·威尔科克斯在《畅销的原理》一书中指出，只有真正了解人类在过去 600 万年内形成的人性，才能预测未来6个月会发生什么。当营销符合人类与生俱来的行为规律时，品牌最有可能取得成功。不要沉迷于追逐营销的潮流、流量的红利、打法的变迁，这些都是看上去很美的外部设计。营销的地基是抓住本质的不变、人性的不变、大脑决策模型的不变。抓住不变的才会使你更笃定。

集火猛攻，强力破圈

品牌就是要建立快思维，成为消费者潜意识的直觉选择。

诺贝尔经济学奖获得者丹尼尔·卡尼曼认为，大脑有两套思考体系。

系统 1 是不费力的、自主运行的，是"快思维"系统。系统 2 将注意力转移到需要费脑力的大脑活动上来，例如复杂的运算、有逻辑的推理等，是"慢思维"系统。

人们很难分辨熟悉感和真相之间有什么区别。熟悉的事情更容易被相信，因为不需要调动大脑的"慢想系统"，从而进入一种认知放松的状态，做出舒服而简单的判断。

人一般会相信自己的最初印象，并依自己的想法行动。消费者会不自觉地使用快思维来思考，所以品牌要建立消费者的快思维，成为消费者潜意识中的直觉选择。

如果你在电梯口经常听到一首广告歌，那么接下来的一段时间，你对这个品牌的敏感度就会升高，在渠道上遇到这个品牌也会更容易注意到它。这种行为和情感在不知不觉间被他物启动的现象，就是丹尼尔·卡尼曼常说的心理启动效应。

假如某个产品你今年只买一次，那么很大概率是选择这个行业的第一品牌，这是一种"自然垄断法则"。

"自然垄断法则"的内容是：市场份额更大的品牌往往会吸引更多的顾客；消费者更倾向于从众选择；消费者是"懒惰的"，决策时一般不会经过仔细盘算。

德国神经经济学家彼得·肯宁在消费者选择品牌时扫描了他们的大脑，发现当人们选择第一品牌时，大脑显示出显著的不活跃性。也就是说，强大的品牌让顾客思考得更少，是大脑的默认设置，让选择变得毫不费力。

市场份额更大的品牌往往会吸引更多的顾客，例如你今年只买一次某种商品，那么很可能会选择这个行业的第一品牌，这被称为"自然垄断法则"。因为顾客不愿花费更多时间研究，更倾向于从众性选择。从众性的"展示效应"会产生巨大的连锁反应。选择熟悉的品牌重复购买，都是心智追求安全这一规律在购买决策中的体现。消费者倾向于做出冲突最小的决策，本能地更愿意和熟悉的对手交易。

大多数消费者是"懒惰"的，在进行决策时一般都不会经过仔细盘算、反复比较，所以经常会使用一些替代性因素来简化决策过程，例如历史悠久、社会认同、权威效应等，品牌可将这些"心理捷径"用于打造信任，实现差异化。

品牌广告的作用不仅是带来短期销量，更是阻遏同质化竞争对手进入的可能。

有些品牌广告在传播后没有立刻带来销量的暴涨，营销人员便认为花销被浪费了。

从本质上来说，品牌广告的作用不仅是带来短期的销量，更是阻遏同质化竞争对手进入的可能。

当你拥有了核心的差异化价值，品牌广告的饱和攻击将令你率先抢占用户心智，形成准入门槛和护城河，防止被内卷。

在所有行业中，在用户心智已经存在首选品牌后，后进者想冲进去要付出的代价是巨大的，因为第一品牌的地位很难改变。你一旦抢占用户心智，后续跟进者的模仿和投放实际上也会让用户想起你，他们每投放 100 元，有 50 元是为你投的，这就是先入为主品牌的虹吸效应和黑洞效应。

企业的核心竞争力是什么？是消费者对品牌的认知。

有认知就有选择，有消费者的指名购买，你就不太容易陷入价格战、促销战、流量战。

如果没有消费者的指名购买，不是消费者心中的优先选项或默认选项，那你最多获得工厂利润，不可能享受品牌带来的超额利润。

后疫情时代，消费者会趋向于做出更稳妥、更信任的选择。例如农夫山泉、金龙鱼等很多公司在疫情期间仍然做得很好，因为这些品牌在消费者心智中成了默认选项、优先选项。它们就是标准，是常识，是不假思索的选择。

有些企业暂时不赚钱，为什么估值还很高？

因为它们在消费者头脑里有一种更值钱的资源，比资本、土地、劳动力这些传统的生产要素更值钱，我们把这种资源命名为心智资源，即在消费者头脑里拥有独一无二的优势位置。

在当前企业所处的竞争环境中，资本、土地、劳动力这些资源并没有消失，只是让位于品牌代表的"心智资源"。没有心智资源的牵引，这些只是企业的成本。心智资源才是企业经营的"成果"。

一旦占据了消费者某种心智认知，有些企业虽然暂时不赚钱，但估值还是会很高。这也是心智资源的力量。

品牌一旦拥有了消费者某类心智资源，就可以拥有一个独一无二、无可替代的位置，从而在消费者心智端屏蔽竞争对手，成为消费者的优先选择。品牌还可以利用心智资源优势形成虹吸效应，将竞争对手的传播力量虹吸过来，从市场端压制竞争对手。这种心智资源优势最终会转化为企业巨大的市场优势。

因此，所有品牌当下最迫切的目标就是要全力抢占与自身品牌契合的"心智资源"。

第一个打入消费者心智的才叫第一，第一个做的从来不是真正的第一。

创新不如创新感，被消费者感知到的创新才是真正的创新。这就是主观思维，与之相对应的就是客观思维。

"现代管理之父"彼得·德鲁克说过，企业的经营成果在企业外部，在企业内部只有成本。在企业外部，即在竞争中，找到消费者选择你而不选择别人的理由，才是企业生存的根基。

企业最迫切要做的，是把自己产品的差异点或创新点快速打入消费者心智，成为消费者有需求时的首选品牌。

如果你希望广告真正有效，你的品牌投放要回归地球。

打透人们有限的生活空间，用中心化媒体在现实世界引爆品牌。

互联网的信息已经成百上千倍地膨胀，但是现实世界并没有太大变化。要使广告真正有效，应该回到消费者现实生活的必经空间中，与消费者"面对面"高频沟通。

有一个国际知名快消品公司的老板曾经问我对他的公司在中

国十几年来所做的广告怎么看，我说：十几年之前当你有 10 亿元广告费的时候，打开电视机经常看到你的广告；后来六七年之前互联网兴起之后，你把广告费一部分放在互联网上，一部分放在电视上，消费者就不是总能看到你的广告了；现在进入移动互联网时代，我基本上没看到过你的广告，原因是什么呢？因为可能你的广告量涨了 7 倍，但是移动互联网崛起，信息流涨了 70 倍，所以你可以发现广告又被稀释了。

没有引爆破圈的品牌，如同一直在湖里扑腾，始终没看过海的容量。

短平快的流量投放能带来动辄数亿计曝光、千万级阅读，很多网红品牌因此产生一种误区，觉得品牌已经有很高的知名度，销量不增长是因为触碰到了天花板。

实际上，互联网会放大讨论热度的体感，数十万级用户的品牌，加上"营销手段"推动，就能产生很多人种草、热议的感觉。然而真正到线下随机拦访时，就会发现知道的人也并不多，更不用说到二、三线城市调研了。这些品牌未能影响到的人群，正是巨大的消费增量机会。

破圈的关键是建立社会共识，让品牌从小众圈层进入大众视野。现在形容一个品牌成功，往往会羡慕地说：它破圈了！破圈是价值的放大器，从一个圈子进入另一个圈子，从一个行业影响另一个行业，被更多的人接受，进入更广泛的大众视野。

在一个去中心化的时代，集中曝光能力强的电梯媒体成了仅存的几个中心化媒体之一，创意绝对化、价值观开放化、危机主动化，让新品牌的成功率远高于只靠流量营销的品牌，这"三化"就是破圈理论的基础。

第一，用创意绝对化对抗媒介粉尘化。

第二，用价值观开放化对抗信息茧房化。

第三，用危机主动化对抗舆论被动化。

新锐品牌要破圈，成熟品牌也要破圈，只不过后者破的是更大的圈，从固化的生活场景向全新的生活场景开拓。

成熟品牌的优势在于品牌认知根基深厚、固化，但是往往问题也在于此，因为固化的认知导致业务增长缺乏潜力。在增长压力下，企业容易采用九败一胜的新品试错、多元化发展等动作。如果能更有效地去调动、利用原本有优势的品牌认知和产品基础，激发"场景→需求"链条，反而能获得高成功率的增长。

成熟品牌知名度已经很高，自带势能和信誉，如果能更好地对接和激发潜在需求，就有机会产生更为巨大的增量空间。

品牌竞争就是你打你的、我打我的，品牌化的路径中不要跟着别人的节奏起舞。

你会认为华为的成功是对标了苹果吗，或者比亚迪的成功是对标了特斯拉吗？

恰恰相反，对付强大竞争对手最好的战术是向相反方向走，有效击中对手强势中的与生俱来的弱势，把"敌人"引到你最擅长的地方打，掌握战场的主动权，这就是"致人而不致于人"。

可口可乐最大的强势在于是"我爷爷的可乐，我爸爸的可乐，我的可乐，百年传承，正宗可乐"，所以百事可乐是"年轻一代的选择"。国外的奶粉在消费者心中的认知是"国际、专业、安全"，所以飞鹤说"更适合中国宝宝体质"。顺应消费者认知，同时把领导者的优点直接变成了缺点，把商战拉到自己擅长的领域里打。

面对领导者，关键在于找到独特的差异化价值，成为消费者选择你而不选择对手的理由，然后瞄准领导者的战略弱点并将其放大，形成战略区隔。

对领导品牌而言，防御过度比防御不足要更优。

"要永远左右敌人"是军事上的一句至理名言，同样也适用于商业竞争。在市场竞争中，必须将对抗的主导权控制在自己手中。

没有企业可以凭借一次突破就一劳永逸。在前线取得突破的企业，必须做好一个准备，就是新老对手一定会对你发起反击。所以一旦打开突破口，就要随时调集资源，充分利用好突破口，向纵深继续扩张，否则你的突破只会是昙花一现。面对竞争对手的进攻，行业领导者或不屑一顾，或静观其变，这都是危险的做法，应该充分阻击，及时压制。付出一些成本是值得的，这叫作保险费。

品牌营销就像发信号，信号不强则无效。

信号要强：选择高势能媒介，能量够强才能在碎片化、粉尘化的世界里被大家看到、听到，穿越消费者的"血脑屏障"，进入消费者的心智。

覆盖要广：不能只讲精准打击，要覆盖全部消费者，如决策者、购买者、使用者、传播者等。要形成广泛的社会共识和社会场能。

互联网时代的海量信息轰炸使消费者的信息接收力持续下降。在这种情况下，广告火力分散或者太弱都有很大的风险。

有限预算更要集中引爆，否则量不够，形不成穿透力。

有些公司预算有限，却喜欢分散式的打法，每个地方都打上几拳。

很多公司并非在打一场大歼灭战，而是四处点起丛林战的硝烟，无意义地消耗着兵力，等到真正的大机会出现时，反而无法集中优势兵力击破阈值、获取胜利。

投 10 个收视率 0.4% 的电视节目，会等于投 1 个收视率 4% 的头部栏目的效果吗？不，前者的效果基本等于 0，即使二者触达的人群完全相同。只有收视率 4% 的头部栏目才能引爆品牌。

有限预算更需要集中引爆，否则量不够，形不成穿透力——要想打赢争夺消费者心智的商战，就要集中火力，打透消费者血脑屏障。

一方面，消费者每天都会面对大量难以处理的信息，自然会把这些信息屏蔽掉。因此，只有饱和攻击才能穿透消费者的心智屏障。

另一方面，面对市场中强劲的竞争对手，也只有集中火力才能压制对手，抢占消费者心智。

"压强大"就是要集中火力。

"浓度高"就是要提高广告频次，确保反复触达。

胜利未必属于兵力最多的一方，而是属于能够在决定性的节点集中起最大兵力的一方。这才是关键。

打透核心人群的关键，就是集中火力、集中火力，再集中火力。

当手里的预算资源开始变得有限时，你就更需要抛开雨露均沾式的投放。

要"择时取势"，把有限的资源集中在一个最易触达目标受众的核心媒体上放手一搏的成功概率往往会更高。

正如詹姆斯·奎因所说：没有一家企业有足够的资源在所有方面压倒对手。因此，竞争者不仅必须有意识地确定要把哪些地盘让给自己的竞争对手，还要使次要目标所需要的资源减至最低程度。

只有这样，竞争者才能把最关键的资源集中到最关键的位置上，才能最有效果和最有效率地利用自己的资源。

品牌广告是"空军"，流量、地推是"陆军"。"空军"和"陆军"组合，"战争"获胜成本最低。

"空军"的作用是通过品牌广告炸开顾客心智防线，配合"陆军"在地面取得成果。

"陆军"的作用是通过流量和地推来实现对"空军"的承接和引流。

"空军"和"陆军"组合，"战争"获胜成本最低。不要企图靠空军跳伞去占领阵地，空军无法替代陆军。想单纯依靠品牌广告取得渠道端的销量暴涨是不切实际的，渠道的承接、升级、推广也一样需要做到位。

有限预算如何区域攻坚？要牢记三个"不"。

第一，不鼓励资金有限的品牌盲目"撒面粉"。使用撒面粉的方式，就是四处出兵、处处受敌。

第二，不在没有足够渠道承接的地域"搞攻坚"。空军轰炸之后没有地面部队承接，只是白白浪费火力。

第三，不狭义化"精准"概念。例如分众不仅可以做到地理意义上的精准，还可以根据楼价、商圈和潜客浓度挑选楼宇，聚焦核心媒体的核心区域，占领核心人群的心智。

广告火力不能分散，因为消费者对品牌的记忆赶不上遗忘的速度。广告火力太弱，会迅速被其他品牌广告淹没。

抢占消费者心智的核心问题是聚焦城市主流人群，他们是消费市场的风向标，有更强的消费能力，掌握话语权，尝鲜意愿强，有示范效应。不能只讲精准打击，要尽可能集中火力，占领4亿城市主流人群的心智。一旦在消费者心智中将品牌成功注册，企业就能获得真正的免疫力、长期受益。

开基创业，品牌先行

创业公司判断自己有没有未来的标志是，能不能针对竞争确立一个优势位置，能不能在这个优势位置建立起主导地位？

这个时代是大竞争时代。竞争爆炸式增长，消费者的任何需求都在被千千万万的竞争者满足。创业者要根据自己所处的位置界定竞争，厘清竞争的性质，并且针对竞争对手建立自己的优势位置。

（ 只有攻上制高点，企业才能掌握定价权。

战略学上关于定位的定义就是在顾客头脑里，针对竞争确立一个优势位置。一旦你找到这个优势位置，必须投入企业的所有资源去快速占据这个位置。你要去把它攻下来。只有占领无人区，企业才能掌握定价权。

没有定价权的企业，在一个竞争幽灵无处不在的世界里是不可能存活的，哪怕你现在利润非常丰厚。而利润越丰厚，竞争对手就越会像鲨鱼闻到血腥味一样，整个鲨鱼群都会围剿过来。

在这种情况下，让企业生存下去的唯一保障就是顾客头脑里面的屏障。这个时候，往你这个位置上发动冲击的一些企业不但对你的竞争力无损，反而会使你的定位显得越发重要、值钱。

品牌势能 = 品牌差异化 × 心智锐度 × 到达强度

人们的需求无法被任何一个品牌全部满足，你永远可以切入一个细分人群或一个细分场景，也可以开创一个全新的功能，成为第一。

品牌差异化的本质就是消费者选择你而不选择其他品牌的理由。想要把这个理由植入消费者的心智，就要聚焦某一赛道和业务，提高心智锐度。它就像一颗钉子，越聚焦就越尖锐，越尖锐就越有力。

但是，仅有差异化价值还不够。要成为某个细分领域的第一选择，还要用一把榔头把这颗尖锐的钉子快速钉入消费者心智，也就是用广告饱和攻击，提升到达强度。通过高强度的媒介重炮，让消费者彻底记住品牌。分散的媒介打法往往收效甚微，因为无法穿透消费者的认知。只有聚焦火力，才能快速穿透消费者的心智。

市场上有什么不重要，认知中有什么才重要。

市场上有纯净水、天然水、气泡水等各种水，极度饱和，大家都认为这个市场已经没有办法再做了。"凉白开"却借用了消费者"喝凉白开健康"这一认知，开创出一个大市场。

市场没有空白，而利用消费者认知有很多空白。货架上的竞争无论何时去看都是红海，从消费者认知的角度来看就会发现蓝海。商机，其实存在于消费者的主观认知之中。

产品定价的逻辑不取决于成本，而取决于企业如何定义、传递产品价值。

两件同样的衣服，为什么印上了不同的标志，我们就可以接受它们相差数十倍的定价？有些企业认为把产品价签上的数字后加个 0，就可以发力高端市场了。

产品定价的逻辑不取决于成本，而取决于企业如何定义、传递产品价值，顾客心智中的认知是否支持你的定价。

你占据了什么样的位置，就相应地可以标什么样的价格。反之，不在那个位置就标不了那个价格。因为你没有那个势能，消费者不接受、不认可。事实上，相对于成本而言，消费者更关注的是购买产品所带来的收益，包括使用价值、功能价值、形象价值、社会价值等。

种草不如种树，品牌必须让消费者耳熟能详。

当别人还在种草的时候，你应该去种一棵大树，这时大家就会注意到草原上的树。

在互联网能让每个人都发出自己的声音时，品牌与消费者的沟通效率反而开始走下坡路。你的品牌在种草，你的竞品用水军在反向种草。在杂草丛生的草原上，这么多不同的观点让用户依旧无法做出判断。

企业做了那么多条短视频，找了那么多兴趣卖点，到底想告诉消费者什么？品牌正在用户心智中失焦。

碎片化时代，品牌广告要发挥过滤器的作用，让触达消费者的信息更明确，让消费者对品牌有更清晰的认知，同时彰显品牌的实力，建立交易的信任基础。

◗ "货找人"是卖货，"人找货"才是品牌。

这是一个每个平台都在声称自己能够帮助品牌实现"货找人"的时代。但是仅仅依靠流量实现的"货找人"只能实现一对一交易效率的提升，而这种效率提升带来的成果又被平台通过竞价赚走了。

真正的"人找货"不是搜索或推荐时的匹配，而是更多顾客产生需求时能想起你。

这就解释了为什么品牌引爆在带来销量增长的同时，还带来了主动搜索和源源不断的免费流量，同时品牌认知度的上升大幅提升转化率，会使获客成本大幅下降！

新消费要从"货找人"变成"人找货"——让更多顾客产生

需求时能想起你。

世界上从来没有捷径。从卖货到卖品牌，需要长期的累积和关键时点的引爆。

打造品牌的实质就是与消费者建立信任关系。信任的建立和保持不仅需要品牌在正确方向上长期坚持，也需要在关键时间点引爆认知，加速品牌成长。

因此，一个品牌的发展，需要做好五大联动。

一是定位联动：一句话说出消费者选择你而不选择别人的理由。

二是时间联动：做可以沉淀长期价值的事情，享受时间的复利。

三是火力联动：关键节点要集中火力，饱和攻击，引爆市场。

四是认同联动：破圈成为公众品牌，从网红品牌变成公众品牌，成为消费者的共识。

五是铺货地推联动或流量运营联动：要把品牌力在线上线下的渠道网点转化成实际的购买力。

品效协同 = 向上撬动 + 向下撬动

向上撬动就是线上撬动流量。

分众上很多品牌广告会带有天猫、京东等电商元素，这不仅是提醒消费者线上购物消费实现引流，同时品牌方还能通过分众上投放的广告资源和线上平台置换站内资源。

落到消费者端的结果是，用户在电梯口被某条品牌广告反复触达，打开手机软件后又发现该品牌的促销广告推送，由此形成多次触达。

向下撬动可以引流终端，撬动商户。

除了给线上电商导流，为线下零售终端引流也至关重要。新零售有一个很重要的概念叫作"3公里生活圈"，即中国人60%的交易都发生在3公里范围之内。通过置换线下的渠道资源，让消费者需求、产品和3公里内的门店形成"引流联动"，那么就会有事半功倍的效果。

◖ 没人做到过真正的"品效合一"，但品效协同却已然发生。

品效很难合一，品牌广告是长效的，效果广告是短效的，但是可以被协同。

效果广告多以互联网媒体为主，消费者能自主选择是否跳过，以刺激消费者快速决策的信息为主，很难让消费者深入了解品牌。而品牌广告是为了建立顾客的长期认知，以传递选择品牌的理由为主，所以多选择可强制触达的媒介，让消费者无法避开。

当品牌广告完成对心智的抢占后，再由效果广告以更高转化率刺激购买。比如，你在投放广告的时候，要更好地考虑商品的可及性，利用电梯广告每天触达楼宇用户。与此同时数据回流至天猫数据银行，可再用淘宝广告在手机端对其进行二次追投，转化率会大幅提升，可以打破"品"和"效"之间的阻隔，缩短从"品"到"效"的周期。

◖ 引爆品牌在时间窗口期要"快、准、狠"。"快"在把握先机，"准"在精准定位，"狠"在饱和攻击。

在这个快速模仿的时代，一个新品往往在 3 个月至 6 个月就可以被模仿，不会超过一年。认清这个事实后，必须选择恰当的引爆时机，找准差异化定位，以最快速度抢占消费者心智，否则竞争对手很快就会跟进。

在中国做消费品，要想打赢只能依赖两个产权。第一个是不可逆的知识产权，第二个是消费者的心智产权。不可逆的知识产权一般存于高科技、生物技术等公司，偏 to B 行业。而在消费品行业，很难形成真正的技术壁垒，因此心智产权更为重要。

品牌能够找准一个词，说明有了一个赢得自己所在细分赛道的机会。这个时候品牌最应该做的是在其他品牌模仿跟进之前，迅速把这个词打进消费者心智，先入为主，建立心智护城河。消费品牌的成功并不是它有什么秘诀，而是拥有消费者的心智产权，能被优先选择。

创业品牌发展到成熟品牌需要三个"固化": 规模固化、资本固化、心智固化。

一个新物种从产生到拥有心智产权，要实现"惊险一跃"。这"一跃"有三个固化，也就是从规模、资本、心智这三方面的固化。

规模固化：在有限的时间内占据最多的市场空间，迅速上量，抢占市场，取得规模上的领先。

资本固化：在有限的时间里争取最多的资本站队，成为资本市场更看好的那个品牌，获得源源不断的资方投入。有热钱才能运转，进一步引爆品牌和穿透心智。而品牌引爆和规模固化的双边效应，又会引来下一轮的热钱涌入和品牌再升级。

心智固化：在有限的时间里占据消费者的心智。新品类开创者要抓住时间窗口，用品牌广告饱和攻击，固化在消费者心中的地位，与品类画上等号。品类的后进者要削尖广告的信息锐度，在竞争对手还没占据消费者的心智之前抢夺心智的时间窗口。

这三方面一旦实现固化，品牌就彻底拥有了心智产权，成为领导品牌。

品牌要反复煮沸，充分烧透，才能从"水"变成"药"。

如果水烧到 100 摄氏度就关火，那它就是一杯普通的开水。如果烧到 100 摄氏度并且保持足够的时间，它就变成了李时珍

《本草纲目》里的"太和汤"，可调和阴阳、濡养五脏。

用户对品牌的认知也是同样道理，没有到达从量变到质变的拐点不要停掉，半途而废才是最大的浪费。

而达到质变的拐点之后，在这个高势能、高场压的阶段里保持一段时间，你就可能迎来第二次质变。

◗ 品牌增长的四条路径：产品破圈、开拓场景、全域提升、区域攻坚。

产品破圈：尽管每个新锐品牌兴起时都有一批铁杆拥趸，但拥趸的数量很容易到一个上限。利用饱和攻击，突破原点人群圈层，实现广谱人群引爆。

开拓场景：成熟品牌的增长来自从固化的生活场景向全新的生活场景的开拓。成熟品牌自带势能和信任，如果更好地对接和激发潜在需求，就有机会产生更为巨大的增量空间。

全域提升：线上数据回流电商，线下广告覆盖终端 3 公里范围生活圈。

区域攻坚：寻找高潜力市场，聚焦资源实现区域突破。背后的逻辑是精准，分众是极少数既能覆盖二三百个城市，又能自由选择在不同城市、不同区域去投放不同广告内容的媒体。分众智能屏和社区海报还能做到千楼千面，在同一城市里不同楼宇投放不同广告。

引爆品牌的正确姿势：让消费者看得见、听得清、记得住、忘不掉。

看得见：选择中心化主流媒体，影响主流消费者。

听得清：避免复杂的语言，尽量用简单的文字表达。

记得住：简单顺口、易记易传，最好是押韵的句子或消费者耳熟能详的乐曲。

忘不掉：反复高频触达才能牢牢打进消费者心中。

做广告是一个抢占消费者心智的工作，想要在全国范围引爆，就一定要在正确的地方喊出群众内心的呼声。

获得头部品牌俱乐部的入场券。

对于新消费品牌来说，登上头部媒体就像买到通向头部品牌俱乐部的标注为非卖品的入场券。这张入场券的价值就在于具有强有力的背书效应。

纵观 30 年来的中国广告史，人们会发现一个定律，就是成功品牌与优质媒体间会出现强耦合关系。而这个强耦合坚持下去的结果，往往就是市场格局的固化。

出现这个现象有两大原因。

第一，头部媒体拥有优势受众。头部媒体的受众无论在数量上还是在质量上都远优于其他媒体，而这些人也是品牌需要优选并不断触达的核心人群。

第二，头部媒体具有背书效应。从消费者视角看，这些头部媒体也代表着某种权威，人们会认为出现在头部媒体上的品牌也是具有一定公信力的优质品牌。

投最好的媒体虽然看似投入巨大，却更能带来确定性的成果，只要引爆得当，反而是一战功成。

新消费品牌崛起路径的共性基因：抓住了"增长型客群"，找到了"专属的锚"，用好了"集中引爆"。

品牌战略杠杆模型由几个要素组成。

支点：品牌是最基本的要素，是整个模型的支撑点。

撬动目标：位于杠杆左侧，是终极目标——撬动消费者心智，让消费者记住品牌并为其付费。

关键作用力：位于杠杆右侧，是杠杆最为有效的作用力，即品牌集中曝光。

关键要素：增长型客群、差异化定位是引爆品牌必不可少的先决条件。

拆解近年来成功崛起的新消费品牌的发展路径，我们可以找到它们的一些共性基因。这些品牌无一不在杠杆模型的"关键作用力"和"关键要素"上做到了极致。

一是抓住了"增长型客群"，即数量可观、购买力强、消费观超前的新中产与 Z 世代等。

二是找到了"专属的锚"，即品牌的核心差异化定位。

三是用好了"集中引爆"，通过受众广、强制性的广告高密度饱和攻击，快速占领消费者心智。

新消费要向老消费学习三件事。

第一是供应链的能力。没有规模化、高效化的供应链，品牌是走不远的。

第二是线下渠道铺货的能力。线上是无限货架、无限心智，更容易产生竞争。线下是有限货架、有限心智，更容易获利。

第三是抢占心智的能力。抓住消费本质，抓住渠道渗透率和心智渗透率。

不要认为新消费都是先进的，新消费的"先进"很大程度上是依靠流量红利，流量红利过去了该怎么办？新消费品牌想从"爆红"到"长红"，短期看规模，长期看心智。

机会主义的"因"长不出长期主义的"果"。

很多创始人经常会谈长期主义，但其实做得更多的是机会主义，什么火就赶紧做什么，疲于追逐风口。专注是成功之道，很多人总是担心不好的结果。其实最怕的是没有把"因"种好，机会主义的人在产品、营销等方面都会产生机会主义的东西。

管理不是管理结果，而是管理因果。"因"决定了"果"的产出，怀着什么样的心做事，就会收获什么样的"果"。

商业的本质应以"是非"来决定，而不是以短期"得失"来判断。

"是非"即成败，做"是"的事情就成，做"非"的事情就败。这个过程中会焦虑是因为短期的"得失"，做"是"的事情在短期内不一定会"得"，而做"非"的事情在短期内也不一定会"失"。但长期看，做"非"的东西，即使短期会"得"，将来也是要赔进去的。只有以"是非"而不是"得失"来判断决策，才能赢得最终的成功。

很多时候，我们的问题就是没有回到第一性原理上去思考，短期得失和是非成败之间到底选择什么？

你要获取短期效益，最后还是会失败，几乎不可能成功的。只有真正坚持长期主义才能走到最后。成功的人只是极少数，持续地做品牌，累积到最后，就会收获时间的复利。你重复做、反复做，把资源投在核心价值上，投在你的核心竞争力上，最后还是会"得"的。所以我觉得，不要受短期得失的影响。

网红品牌消失的核心原因是重潮流、轻趋势。

为什么大多数网红品牌都是昙花一现？核心原因是重潮流、轻趋势。有发展潜力的新品牌，一定是吻合大趋势、能够穿越消费者偏爱周期的，并不是迎合当下的潮流化、风尚化。

创业者不要只盯着短期潮流，要把握长期趋势。只有能够创造社会价值、推动人类进步的企业，才能赢得社会的认可与尊重，才能与社会形成良好的互动，产生强烈的共鸣。

如果企业仅仅把成功寄托在短期的热点和风口之上，那么热点与风口的寿命就是企业的寿命。

真正的长期主义并不是让你当下不要赚钱，而是不要去赚当下的最后一个铜板。

很多人提到长期主义就皱眉头，觉得首要目标是活下去，不赚钱怎么行？长期主义和短期赚钱必然是互相矛盾的吗？"进击波财经"主理人沈帅波对长期主义有一个中肯的解释：第一，短期思维的套利空间正在快速消失，逼得你必须长线思考；第二，长线思维并不是短期不作为，而是一种基于复利思考的商业模式。

想要实现长期的复利叠加，真正重要的是选对赛道，这也是巴菲特说的滚雪球理论的核心基础。你找的那条赛道要长且湿，因为只有又长又湿的赛道，你才能一直把雪附着到自己的球上。

谋大事者，不逐小利。长期主义并不是让你当下不要赚钱，而是不要去赚当下的最后一个铜板，把充分的精力留给未来更广阔的天空。

中篇 **实证：**

有势能方可占心智

如何破解品牌增长焦虑？ [1]

> 思维就是人心，而人心便是流量见顶的存量残杀阶段里不可不争的新红利。

互联网正在重新编译人类的大脑。

这几年的国内消费市场，上演着一场场"攻心战"。一边是高呼着"一切品类都值得在线上重复一遍"的新品牌前仆后继，试图撬开市场的大门与资本的心房；一边是社会零售品销售总额增长放缓，电商增速下降的天花板逐渐压下。

背后的一个核心原因，是线上线下的存量用户已经适应了高

---

1 本文原为2022年2月6日发表于36氪的访谈《江南春新年围炉夜谈：如何破解增长焦虑？》，略有改动。

举高打的流量打法，完成了思维的重新编译，对短平快的媒介触点产生了抗性。

这标志着吃了 10 年互联网流量红利的初代新消费品牌打法宣告失灵。往日帮助一个个新品牌小步快跑甚至大步流星跃进的方式反而成了企业之毒，让企业陷入"不投放不增长，不增长难投放"的莫比乌斯环中。

新的流量洼地在哪里？新的思维编译可能性是什么？新的增长曲线起点在哪儿？在我的上一本书《破解增长焦虑》里面，我也总结了四类典型的品牌驱动增长逻辑：产品破圈、开拓场景、全域提升和区域攻坚。这四条路径，我认为是企业完成消费者心智编译、解除成交焦虑的最优解。

新品牌的原点陷阱

中小品牌、新消费品牌需要"产品破圈"，不破圈的中小品牌，淘汰率高得惊人。如果以 3 年为期，有一多半的新锐品牌会停滞甚至倒下。即使是新消费赛道，资本也更乐于追逐那些跑在最前面的品牌，二八法则是一直存在的。一个新品牌陷入停滞的最大原因就是没有破圈，没有破圈就很难有成长，至多成为一个"小而美"的公司。新品牌容易陷入一种"原点陷阱"，每个新锐品牌兴起时都有一批铁杆拥趸，这些人和品牌天然契合、忠诚度高。但是，其缺点是很容易达到一个上限。

比如，小米最开始使用"米粉"这个词的时候，粉丝数量有50万。如果一直沉溺在这50万人里，就没有今天的千亿元级的小米。很多新锐品牌起源于消费社区，像Ulike脱毛仪，它的原点人群是小红书、抖音、天猫直播上的美妆达人可以影响到的、五年来持续运营互联网美妆博主的这些人，但后来企业销售额到了10亿元规模就涨不上去了。Ulike没有沉浸在"我们小而美"的幻觉中，而是带着很强的焦虑感，想寻找一种有核弹效应的、有强大震撼力的破圈方式，想成为公众品牌，所以选择了分众进行品牌引爆。

结果，饱和攻击之后，Ulike本身就很优秀的产品力和"蓝宝石冰点无痛脱毛仪"这样出色的差异化竞争点，通过分众的引爆被快速放大，在当年的6·18购物节就成为京东、天猫双渠道冠军，双11购物节再度成功卫冕全网同品类冠军，销量是该类目后9名品牌总销量的两倍多，市场份额从前两年的30%多上升至2021年的55%，销量同比翻番，这就是破圈的力量。

所以很多新品牌、小品牌，一旦到增长不动的时候就要敏锐地观察，是不是原点人群的红利已经消耗殆尽了，是不是该用引爆手段破圈了？

很多中小企业都觉得类似分众这样的品牌引爆模式好，能快速破圈。但它们经常有顾虑："我是不是用得起？"其实，我们的"四大路径"中有两条叫"区域攻坚"和"精准打击"就是为此而设。分众是极少数既能覆盖全国二三百个城市，又能自由选择城市，在不同城市、不同区域去投放不同广告内容的媒体之一。分众智能屏和社区海报还能做到千楼千面，在同一城市的不同楼宇投放不同广告。有家源自成都的连锁餐饮——烤匠，它不追求全国扩张，只在成都、重庆当地引爆。结果一句经典广告语"在成都，不吃火锅，就吃烤匠"在成都的电梯口不断回响。烤匠真的做到了和火锅店在同商圈人气比达到1∶1，在餐饮业普遍承压的情况下，烤匠几十家连锁店的单店销量依旧飙升，而且门口排队不断！对于预算有限的全国性品牌，我们往往采取精准营销策略。像英伦宝贝（i-baby）恒温睡袋的预算在两三千万元，我们就设计了一套"精准挑楼"的策略，帮助它精准投放到母婴潜客浓度高的社区，再把数据回流至天猫数据银行做二次触达。结果英伦宝贝的年销量从5000万元涨至2亿元，第二年再翻番，从儿童睡袋品类的第七位成长为第一位！其实需要做区域攻坚的不只是新品牌、区域品牌，也有大品牌下的子品牌。2022年有个上海人耳熟能详的乳品广告，就是请那些有代表性的上海人，用上海话告诉上海的消费者：今天有腔调的上海人，喝的都是每日鲜语牛奶。这就是蒙牛鲜奶高端品牌的策略，每日鲜语这个品牌的消费起点很高，所以它不走全国广泛覆盖的路子，就是聚焦在上海这样能引导消费潮流的超一线城市引爆。有个物理学常识——受力点越小，压强越大，就是说的"区域攻坚"。区域攻坚的本质是精准，分众对精准有自己独特的理解，总结出来就是三个"不"：一是不鼓励资金有限的品牌盲目"撒面粉"，而是建议它们要选择好目标区域；二是不鼓励在没有足够渠道承接的地域里"搞攻坚"；三是不狭义化"精准"的概念，分众不仅可以做到地理意义上的精准，还可以根据楼价、商圈和潜客浓度来精准挑选相应的楼宇。

破解品牌增长焦虑

不只是新锐品牌要破圈，成熟品牌也要破圈，只不过它们破的是更大的圈，是从固化的生活场景向全新的生活场景的聚焦开拓。成熟品牌自带势能和信誉，如果更好地对接和激发潜在需求，就有机会产生更为巨大的增量空间。这就是"四大路径"中的"开拓场景"。所以，我们看到花西子借情人节在分众电梯屏打出"送花不如送花西子"的口号，结果开拓了新人群购买彩妆的商业增量。小罐茶投放了分众历史上时长最长的"一小时感谢信"广告视频，以"这条路很长，要感谢的人很多"的口号，激发消费者买小罐茶作为感谢礼物的需求，结果获得微博 5.5 亿次热议，天猫上小罐茶产品几乎卖空。还有一些日用品的消费场景更固定，但也找到了差异化的破圈思路。比如飘柔洗发水，开创了一个镜面的电梯海报，提醒办公室女性"上班时照一下是女神，下班时照一下可能变成了路人"。这里面的潜台词就是：如果没有用飘柔，头发很难保持一整天的柔顺！这就天然把"场景-消费者痛点-产品特点"迅速连接起来，消费者立刻就有了买一瓶飘柔洗发水的冲动。而舒肤佳则更好地利用了电梯这个场景，当你刚按完电梯转身一看旁边的广告，屏幕上有两个被放大的按钮，上面是无数个手指印，你可能立刻就觉得回家吃饭之前要记住用舒肤佳洗手杀菌。分众的覆盖决定了它能跨越消费者工作和生活两大核心场景，这就让许多成熟客户可以根据场景特点触发消费者潜在的、隐性的需求，激发商业增量。比如绝味鸭脖许多人都尝过，你再讲味道多好没人听了，而办公室电梯里的内容反复提醒你"没有绝味鸭脖加什么班！"，公寓电梯里的内容反复提醒你"没有绝味鸭脖追什么剧！"，这是分众广告在人们每天必经的生活场景中利用内容共创，触发了场景需求。所以，分众是成熟品牌场景交易的触发按钮！"四大路径"里还有一个"全域提升"，打通线上线下，但绝对意义上的"品效合一"是没有的，因为品牌建设和销量提升（也就是一般人说的"效"）的作用逻辑和原理是不一致的。

但我们不能无视品牌内心的诉求。其实它们希望的是能够解决普遍存在的品牌广告的效应比较滞后的问题。品效难以合一，但是可以更快地协同的。所以我们与天猫开创了"基于全域提升的品效协同"，让分众品牌广告的数据回流。看过分众广告的用户沉淀为品牌数字资产中的认知人群（A 人群），让品牌商可以在站内继续运营到兴趣人群（I 人群），再到购买人群（P 人群）。这将大大缩短品牌广告与销售效果之间的时间周期。2019 年我们与天猫数据银行实现打通，让消费者在自己的写字楼和社区看到分众广告的同时将楼宇数据回流至天猫数据银行，然后在手机淘宝、天猫上对既看过分众广告又是目标潜客的用户群体二次追投，双向叠加，转化率会大幅提升！再说线下的生意，消费者60%的交易都发生在3公里的生活服务范围之内。所以，飞鹤有机奶粉特别精准地在它有发达的终端消费场所周边3公里范围内，而且母婴潜客浓度更高、有机产品购买率更高的高端社区投放，来即时导流用户到附近的母婴终端购买。现在，分众基于商圈和天猫大数据的精准选点系统就可以满足这样精准化的需求。

"双微一抖一分众"

2021年，商业圈里开始流行一句话，叫"双微一抖一分众"。我第一次听到这句话，是凯度集团大中华区首席执行官暨BrandZ™ 全球主席王幸在"2021年凯度 BrandZ™ 最具价值中国品牌100强"发布会上讲的。凯度的研究表明："双微一抖一分众"已经成为当前品牌传播的核心方式。以微博、微信、抖音为代表的社交媒体负责品牌"种草"，以分众传媒为代表的日常生活场景负责品牌引爆，两者的交互和共振是助力品牌增长的核心阵地。

互联网是到达率最高的媒体，但它创造了海量的即时信息，传播触点日益多元化、碎片化甚至粉尘化。心智容量有限的消费者因此不堪重负，品牌与消费者的沟通效率反而开始走下坡路。

你的品牌在"种草"，你的竞品用水军在反向"种草"，这么多不同的观点让用户依旧无法做出判断。

时下，大家都在讲数字化、社交化、私域化，都在找 KOL、KOC、主播，凯度最新的研究也表明：营销人的认知和选择并不是消费者的想法。营销人员最偏好使用的某些社交类媒介及线上广告类媒介，诸如网红内容营销之类，消费者往往无感，净偏好率仅在 10% 左右甚至更低。

因此，品牌策略要回归传播的本质。碎片化的互联网传播或社交草原上的"种草"无法形成广泛的社会共识。打造品牌需要中心化媒体，建立购买者、决策者、影响者、传播者等主流人群的群体认同。"货找人"是精准分发提高交易效率，"人找货"才是品牌打造。人们想起一个类别就想起你，这才叫品牌。

同时，品牌还需要重复来对抗遗忘。正如诺贝尔经济学奖获得者丹尼尔·卡尼曼教授讲的，人类在绝大部分时间是用系统 1 直觉反应来思考，在极少数时间用系统 2 理性思考，所以只有不断重复才能把一个概念打进消费者心智，让用户心智逐渐放松，建立起"怕上火喝王老吉""困了累了喝红牛"般的快思维。进入消费者潜意识中的条件反射的品牌才是强品牌，强品牌往往是消费者不假思索的选择。

小罐茶：与消费者情感共振

信息粉尘化，营销同质化，消费者审美疲劳……纷繁环境之下，越来越多的营销挑战横亘在品牌面前。如何创新出位，突围出圈？小罐茶用一系列走心走情的营销奇袭，成功撬动大众情感支点，给出经典示范。

打动人心 电梯上演"1 小时神片"

中秋作为中国人格外重视的传统节日，不仅承载着绵延千年的朴素情感，也是考验品牌营销创意的关键节点。2021 年 8 月，小罐茶打破常规，在北京、上海、广州、深圳等全国 16 个城市的分众电梯媒体上，滚动上演"1 小时神片"——《记在心里的名字—感谢》。

视频以"这条路很长，要感谢的人很多"为主线，画面内容并不复杂：一盏暖黄色的台灯，一张素色的卡片，一支普通的钢笔，一双手不急不徐地落笔，写下了一个个想要感谢的人的名字。写毕，执笔者将卡片小心翼翼地放在小罐茶礼盒中，茶与信一道，和天上的一轮明月交相辉映。

没有大开大合的情节，却在中秋这一特殊的时间节点，用极致情怀触碰消费者心灵，猛烈地唤起情感共鸣，激发了消费者购

图 2-1　小罐茶"记在心里的名字"上刊照

买小罐茶作为致谢礼物的需求。

此次营销中,小罐茶借力分众电梯媒体对主流人群广泛、强效触达,打破常规,在一众中秋节点的营销活动中脱颖而出,成功实现破圈,一时间引发大量关注与讨论,仅在微博平台就获得5.5亿人次话题热议。

精准洞察，制造情感共鸣

抓住关键时间节点，精准洞察，以创意打造差异化营销活动，激起更多消费者的情感共鸣与认同。这种走心的打法在小罐茶的营销中被数度使用，一次次成功助推小罐茶达成传播目标，成为越来越多消费者心中有温度的标杆品牌。

2022年母亲节期间，小罐茶基于太多年轻人许久未仔细端详母亲面容的洞察，发出"你有仔细看过你妈妈吗"的灵魂拷问，并发起"3分钟凝望"社会实验，呼吁年轻消费者用专注凝望母亲的行为，给予母亲更多关注与关怀，回应母亲付出半生的爱与守望。这一精准洞察与创意策划再次引起消费者的广泛共鸣与反思。

父亲节营销，小罐茶以父子户外饮茶谈心场景切入，通过父子对话引出父与子的互相陪伴，进而唤起消费者关于中华传统中血脉与精神传承的情感共振，最终落题于"小罐茶，敬父亲"。通过对真实生活与大众情感的洞察，小罐茶悉心建立起品牌和消费者之间沟通的桥梁，也获得了消费者在情感上对品牌的认可。

情感营销，赋能品牌

复盘小罐茶营销的成功经验，最为关键的便是在茶叶本身产品力基础之上，通过差异化的情感营销方式，向消费者提供了更多关于情感和心理共鸣的附加值，从而达成了更为广泛、有效的传播和对于自身品牌的持续赋能。

基于对消费者的深度洞察，小罐茶在一次次关键节点的借势营销中并没有直接去宣传自己的产品，而是通过对日常细节的真实呈现和对受众心理的精细把握，唤醒了消费者内心深处的情感认知与需求，并借助分众电梯广告结合线上社交平台等联合传播方式，与消费者展开了一场场更为深刻的情感沟通。

在疫情反复，大环境纷繁复杂的当下，温暖、关爱、走心正成为人们更广泛的需求。对于品牌而言，抛弃套路、打破常规、回归创意、与消费者展开一场真诚沟通，将为品牌建立核心优势、赢得消费者选择带来更多可能。

中国消费品牌崛起的硬核方法

当流量红利越来越少，行业同质化竞争带来的重要结果是进入存量博弈的时代。

在存量博弈时代中，新消费品抓住流量红利迅速崛起，但消费者做出购买决策的本质没有改变。然而影响渠道渗透率和心智渗透率的流量是由平台掌握的。在这样的情况下，最后只有全渠道的渗透率和品牌的指名购买，才能使新消费品牌真正成为可持续发展的品类主导品牌。

中国商业战争的核心要素发生过三次重要的改变。最早是生产端的改变，后来是渠道端的改变，谁的渠道点多、面广，谁的渠道渗透率高，谁就会赢。

随着渠道同质化、生产端过剩化，消费者有了更多选择，创新也被迅速同质化。核心竞争领域在哪里？在消费者心智端，选择你不选择别人的理由到底是什么？

现在很多人把时间用在研究流量上，流量是不是生意的根本呢？其实不是。流量只是品牌赢得人心的结果，如此本末倒置就会面临很大的挑战。

当顾客产生需求的时候，品牌在部分细分人群中能不能成为首选？

GMV=流量 × 转化率 × 客单价 × 复购率。流量精准分发、流量裂变、流量私域、流量如何找到洼地都很重要。

很多新消费品牌把90%的精力和资源投入到效果可见的流量上，流量帮助品牌迅速实现销售额增长，但是不能让品牌摆脱价格战、流量战，无法走入消费者心智。

70%的销售来源于品牌，应该把70%的资源放在品牌上，把30%的资源放在短期的流量转化和促销活动上。

真正的优秀品牌，拥有渠道渗透率和心智渗透率。

广告的作用不仅仅是能带来短期的销售，而且能遏制同质化竞争。很多品牌持续的广告投入已经沉淀为坚固的品牌资产，而品牌资产才是公司核心的驱动力。

大多数新消费品的体量做到几亿元就已经停滞，能够做到几十亿元的品牌在线下布局很深，甚至随处可见，在消费者大脑中约等于一个品类。

如今，新形势下的品牌传播有三个趋势。

第一个趋势，中心化对抗碎片化。

互联网上精准流量分发虽然带来交易效率提升，但没有带来传播效率提升。品牌投入速度都赶不上信息爆炸的速度。互联网过度碎片化，在无穷信息当中引爆品牌的难度越来越大。

用社交"种草"做品牌非常好，但大规模"种草"红利已经结束。"种草"红利结束之后，"种树"时代开启了。当别人还在"种草"的时候，要有实力去种一棵树，让品牌高频曝光至消费者耳熟能详，成为消费者心中不假思索的选择。

第二个趋势，重复对抗遗忘。

大脑倾向于想起最近刚获得的、印象比较鲜明的信息，来快速地做出判断。

传播的本质还是在于规模化的精准投放，而消费者善于遗忘，所以低频的品牌传播很难跟得上顾客遗忘的速度。分众做的事情就是在封闭的空间中让品牌反复出现，帮助品牌在消费者心中形成条件反射。"货找人"不是品牌，"人找货"才是。

第三个趋势，确定性对抗不确定性。

今天做品牌要融入社会大事件，企业要用确定的媒体逻辑打赢不确定的媒体传播环境，在消费者心中反复出现、高频出现，最后成为消费者心智的组成部分。

妙可蓝多成长全路径

2016 年之前，地方乳企妙可蓝多还在液态奶的红海之中苦苦挣扎，6 年后却早已成为中国奶酪行业第一品牌。毋庸置疑，妙可蓝多的迅速崛起已经成为近年来中国食品行业的现象级标杆。而所有这些，都来自妙可蓝多步履不停的进击和破圈。

第一阶段：转型——聚焦奶酪赛道

2016 年，妙可蓝多创始人柴琇敏锐洞察到，中国奶酪行业正处于渗透率低、消费者认知不足、市场关注度低的起步阶段。于是她果断决定从液态奶的红海竞争中抽身，抓住市场机遇，颇具前瞻性地聚焦奶酪行业。

行业处于起步阶段对品牌来说是一把双刃剑。一方面，奶酪作为舶来品，消费者在购买选择时天然地倾向于国外品牌。在妙可蓝多进军奶酪行业伊始，中国奶酪市场的前 5 大品牌均为国外品牌，尤其是法国品牌百吉福，已经在中国市场发展 10 余年，以近 30% 的市占率和 10 亿元左右的年营收遥遥领先。而另一方面，虽然奶酪赛道已经强手如云，但绝大多数消费者还未开始消费奶酪，提到奶酪并不能说出任何品牌。这其中蕴藏了一个巨大的机会，妙可蓝多如果能够做大奶酪品类，率先让消费者记住，成为顾客购买奶酪时的首选品牌，就能够反转行业格局。

如何找到制胜方法？在不断强化产品力的同时，妙可蓝多开始着力品牌建设，并将2019年作为全面品牌建设的元年，迅速推出"奶酪就选妙可蓝多"的品牌全新口号，将妙可蓝多品牌和奶酪画上等号。

随后，妙可蓝多聚焦火力，通过"央视＋分众"的传播组合开启了持续的品牌攻坚。借助央视权威背书和分众电梯媒体对城市主流人群的强效触达，妙可蓝多通过三次精进与蜕变，逐步达成奶酪品类领导者的目标，并牢牢夯实领先地位。

第二阶段：破圈——抢占心智，火速出圈

首次传播出击，妙可蓝多就立下明确目标，要快速引爆品牌，抢占消费者心智。这也就意味着，是否有力度打透市场，支撑品牌越过从量变到质变的拐点，是这个阶段最大的挑战。

于是，妙可蓝多选择集中火力，利用大家耳熟能详的广告歌曲的强效传播力，将广告片在各大城市的分众电梯媒体上高频次滚动，用饱和攻击的方式来让消费者在短时间内牢牢记住妙可蓝多。

一时间，由《两只老虎》这首家喻户晓的儿歌所改编的妙可蓝多广告歌，回响在各大写字楼间，"奶酪就选妙可蓝多"的广告语迅速深入人心。不到一个月，妙可蓝多的微信指数、百度指数均实现显著提升，妙可蓝多与奶酪逐渐画上等号。

坚定的高频次风暴式投放给妙可蓝多带来了正向回馈。数月之后，妙可蓝多已成功跃升成为新的行业领导者，各项关注指数均超越此前遥遥领先的国外品牌。

2019年6·18购物节期间，妙可蓝多更是一举拿下天猫、京东同品类销量双冠王，同比增长超过300%。2019年全年，妙可蓝多奶酪板块营收达9.21亿元，同比增长102.2%。

第三阶段：进击——持续创造新增量

至此，妙可蓝多已经成功破圈，而抢夺奶酪消费存量市场、持续创造新的增量，成为新一阶段的目标。

在第一阶段收获的亮眼数据加持下，妙可蓝多将广告片内容更新为"妙可蓝多荣获京东、天猫双冠王，销量增长300%"，以销量作为品牌强有力的背书和信任状，继续以高频次饱和攻击形式加强传播，通过分众对于城市主流消费人群的高效触达与影响力，进一步强化自己是"奶酪行业领先者"的消费者印象，吸引更多潜在消费者。

在不断夯实消费者心智影响力与品牌势能之后，妙可蓝多已经成功杀入奶酪这一品类。但由于中国人的奶酪消费习惯仍处于初级，更多人尚不了解奶酪。于是，妙可蓝多开始在传播中着力品类教育，广告内容更新为"在欧美，奶酪被誉为奶黄金"等宣导内容，给到消费者更强的购买理由，进一步破圈，扩大奶酪消费的潜在市场。

不仅如此，妙可蓝多还意识到，在消费者认知中，奶酪依然属于零食范畴，在此局限下，消费频次便难以提高。于是，妙可蓝多在持续的广告投放中展开了新一轮宣导，开创了放学回家、运动补充、快乐分享三个全新场景，以此将产品带入高频刚需的新定位，打开了新的增量空间。

在持续创造新增量的过程中，妙可蓝多收获颇丰。2020 年，妙可蓝多营收超 20.7 亿元，同比增长 125.15%；2021 年营收达 44.78 亿元，同比增长 57.31%，并在中国奶酪品牌销售额中以 30.9% 的市场占有率位居第一。

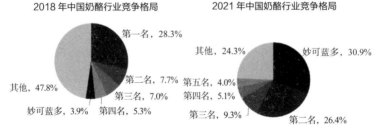

图 2-2　2018 年和 2021 年中国奶酪行业竞争格局

资料来源：欧睿，凯度数据，Wind

第四阶段：增量——新品创造第二增长曲线

超高速的增长数据是品牌成功崛起的见证，但与此同时也带来了新的问题——如何找到更多空间，再度破圈冲击更多销量？

2022年伊始，妙可蓝多打响了第二增长曲线之战。在新一轮破圈进击中，妙可蓝多向更多生活场景发起开拓，推出新品奶酪片，将奶酪定位到了正餐范畴之中。在新一轮的广告片中，妙可蓝多反复呈现"妙可蓝多奶酪片，营养早餐加一片，面包加一片，煎蛋加一片，喝粥吃面加一片"的宣导，将奶酪和喝粥、吃面等中餐场景联系在一起。

第二增长曲线战略让妙可蓝多成功收获了新的增量。2022年6·18购物节期间，妙可蓝多在天猫旗舰店、抖音、拼多多、快手平台销售额同比增长分别超117%、357%、243%和1000%，成为几乎所有渠道的奶酪类目第一品牌。

妙可蓝多业绩报告显示，2022年上半年，妙可蓝多实现营收约25.94亿元，较上年同期增长25.48%，奶酪市场占有率达35.5%，稳居行业第一并持续扩大领先优势。

也正是基于此，进入下半年，妙可蓝多持续发力，着力拉升马苏里拉产品，以此抢占午餐、晚餐新场景，希望将更多奶酪产品引向消费者餐桌。

妙可蓝多通过坚定持续的营销动作，已然开始享受品牌带来的时间复利。同时，也依靠着不断的进击与破圈打开了通往百亿元级市场的大门，为获得更为巨大的成长空间赢得了无限可能。

创业者勿困于流量怪圈，坚持品牌打造才是破局之道[1]

疫情之下，所有的企业都在面对一场严峻的挑战。伴随着人口红利在 2020 年走到拐点，企业对人口红利的依赖被动降低；同时，随着移动互联网的使用人数和使用时长增长到了极限，流量红利也进入尾声。

两个关键词：人心红利、快思慢想

2021 年我出了一本书，书名就叫《人心红利》。这第一个关

1　本文原为封面新闻于 2021 年 12 月 17 日发表的访谈，原题为《请回答 2021 | 江南春：创业者勿困于流量怪圈 坚持品牌打造才是破局之道 | 封面天天见》，略有改动。

键词正是我近年来最大的感受：中国的人口红利消失了，但是人心的红利正在展开；互联网流量红利消失了，品牌的红利正在展开。

人们越来越愿意为能够打动人心的产品、为精神提供服务的品牌买单。过去的商业竞争最早在产品端，谁能造出优质的产品谁就能赢。后来在渠道端，谁点多面广谁就能赢。而如今，随着科技的发展，生产端出现过剩化；随着天猫、京东等电商平台的发展，渠道端出现同质化。所以，当消费者面对无数个选择的时候，一个品牌要成功，必须在消费者大脑中回答一个问题：消费者选择你而不选择别人的理由是什么？

如果你的品牌没有变成消费者的指名购买，陷入价格战、流量战，最终被市场抛弃就将成为必然。所以商业竞争的本质已经来到了消费者"心智端"，谁能抓住"人心红利"，抢占更多的消费者心智认知，谁就能赢。

因为人心红利和品牌红利的转变，随着中国制造和经济的发展，大家最直观的感受就是国牌崛起的时代到来了。很多中国品牌通过不断创新，创造了自己的独特价值，并且抓住了人心红利，打造了优秀的产品和品牌。

另一个关键词是快思慢想。这是诺贝尔经济学奖得主丹尼尔·卡尼曼所著《思考，快与慢》的另一个译名。我这两年重新读了这本书，获得了非常大的体会。卡尼曼教授说，人的大脑有系统1和系统2。系统1是直觉反应，系统2是理性思考。人绝大多数时间是用系统 1 做决策的，是靠条件反射的直觉。人不是理性的动物，要使人们相信一个概念或者一种事物最好的方法就是不断重复，重复会引发认知放松的舒服感、熟悉感。当一个信号反复出现却没有带来不好的结果时，它就是一个安全的信号。时间长了，安全的就是好的，熟悉了就容易喜欢，这就是心理学上讲的曝光效应。这其实是品牌传播赖以生存的基础理论，也是和分众电梯媒体价值不谋而合的。

巨大挑战与巨大机会并存的时代

过去的人口红利正转向人心红利，流量红利正转向品牌红利，要素驱动、投资驱动正转向创新驱动，模式创新正转向科技创新——我们正在进入的是一个巨大的挑战和巨大的机会并存的时代。

所以我认为，2022 年虽然面临很多短期的挑战，但我们仍然处在一个整体上升的过程中，中国的世界影响力不断变强。而能在这个时代当中获得成功的企业家，我认为他们都是坚定的长期主义者。他们的方向和判断不太会受到短期波动的影响。

什么才是做企业的是非？我认为，企业的增长本质上来源于客户的增长。我们常说"企业的营收 = 客单价 × 销量 × 复购率"，互联网上讲"GMV= 客单价 × 流量 × 转化率 × 复购率"，但这都只是表面上的公式，商业的本质是如何实现增长。我一直说

"人生以服务为目的，顺便赚钱"。如果你只想着如何涨价、提高利润率，盯着客户的口袋，就是因果倒置了，那么亏钱也是注定的。

2021年我们提出了帮助中国品牌实现增长的四种方式：产品破圈、开拓场景、全域提升、区域攻坚。因为只有我们的客户通过分众获得了价值提升，才会建立长期的信任。新商业文明的核心是回到成就客户、利益人心的原点上，客户价值增长了，你自然也就增长了。这种增长才是良性的、持久的。

此外，要非常坚定地走品牌化路线，坚定地走长期主义的道路。而事实也证明了，那些在疫情期间加大了品牌投放的企业获得了更好的生存空间和行业竞争力。后疫情时代，创业者会面对各种各样的不确定性。如何在面对危机或诱惑的时候，仍然坚定自己的信念，是考验创业者是否能够成功的重要因素。

比如很多创业者在吃到了开始的流量红利后，陷入其中不可自拔，最终困在流量里。而有些企业已经通过打造品牌成功破圈。其实做企业没有捷径可走，坚持打造品牌、做好线上和线下渠道都是必不可少的。

未来几年，要用确定的逻辑打赢不确定的市场环境。

空刻意面：线上线下全链路整合营销

随着"懒人经济"和"宅经济"的兴起，速食产品增长空间不断被打开，方便食品市场迎来众多新玩家。然而，众多速食新势力普遍聚焦中式食品。相较之下，西式速食行业依然处于蓝海。

2019 年，空刻意面横空出世，开创速食意面新品类，让消费者在家中也能体验餐厅品质的意面，配合有颜值的包装，迅速受到消费者关注。

在优秀产品力加持之下，空刻意面开启了全链路的营销攻势。

借助直播，迅速出圈

为了传达空刻意面就是地道好吃的品牌理念，空刻与意大利米其林三星大厨合作，以获得世界品质评鉴大会金奖和顶级美味三星奖章形成背书，从多个维度将"空刻＝正宗意大利面"这一概念与消费者进行深入沟通。同时，通过一系列短视频和直播输出，让消费者更加深刻地认知产品优势。

空刻意面的第一次出圈来自线上直播间。2020 年，成立不到一年的空刻意面精准把握直播带货风口，选择进入头部主播直播间进行亮相。凭借着头部主播的影响力和社交媒体渗透力，空刻意面成功进入年轻群体视野，在第一次合作中，便在 1 分钟内将 7 万份产品销售一空。

在空刻看来，与头部主播合作一方面可以换来在大促节点直播场次的露面，有助于将主播的粉丝沉淀为品牌粉丝，另一方面头部主播的直播间也是销量和流量的试验场，通过主播粉丝的一次次下单，品牌可以优化和改善整个直播下单的链路。

种草营销，积累种子用户

直播带货可以带动产品销量，但过度使用则会造成日常打折、低价卖货的消费者刻板印象，从而对品牌形象形成长期伤害。

空刻意面深谙此理，在通过直播破圈后，又转而敏锐把握近两年的"种草"风口，以裂变姿态出现在哔哩哔哩、小红书、抖音等社交平台进行"种草"营销，打造各类场景话题，并强关联"一人食""15 分钟米其林大餐""星级意面""速食推荐"等关键词。

KOL 们做着精致的摆盘来展现空刻意面，而消费者则通过一次又一次的浏览和点击逐渐熟悉了空刻的一系列产品。当"种草"和"拔草"成为消费者乐此不疲的线上行为，空刻意面便利用这种行为深度影响新锐白领、资深中产等追求仪式感的消费群体，进一步积累下种子用户。

登陆电梯媒体，打造品牌力

在收获直播红利和种草红利之后，空刻意面清晰意识到流量红利见顶的趋势，以及品牌需要加速破圈的现状，开始调整营销策略，转战线下阵地。

在瞄准主流人群、着重打造品牌力的目标之下，2022年5月，空刻意面登陆分众电梯媒体，在北京、广州、深圳、成都、杭州等全国20多座城市，开启大规模风暴式传播。在广告片中，空刻通过直击年轻宝妈带娃累、做饭难等痛点，进一步强化空刻意面"随便做都好吃"的品牌优势，同时借力分众媒体高频次饱和传播，成功抢占主流消费人群心智，助力品牌破圈突围。

此后的6·18购物节期间，在分众电梯媒体的助推之下，空刻进一步实现跃迁，单靠意面品类的销售便超过李子柒、自嗨锅等品牌的全店销量。空刻意面全网累计销售额突破1亿元，全渠道同周期增长率达118%，横扫全网意面成为该类目第一，在天猫、抖音平台登顶方便速食类目第一品牌。

不仅如此，线上已积攒足够声量的空刻意面，在分众电梯媒体的强势传播辅助下，开始进一步加速线下市场的拓展，成功深入城市主流消费者生活圈。

空刻意面的品牌进阶之路是近年来一批成功新锐品牌的缩影：起势于线上直播带货，又通过哔哩哔哩、小红书、抖音等社交平台展开"种草"，收获红利。当意识到精准流量带来的增长已趋于见顶，又立刻调整营销方向，利用电梯媒体等中心化媒介触达更广泛的城市主流消费人群，实现品牌破圈。当各行业市场逐渐进入存量阶段，这一套营销打法也正在成为越来越多品牌的选择。

有棵树：精准挑楼和线上数据联动

面对彼悦 Ubras、内外、蕉内等一众新锐品牌搅动中国女性内衣市场，引发行业赛道异常火爆，有棵树的选择是另辟蹊径，以开创独特的绿色环保特性在市场中一枝独秀，通过分众媒体精准挑楼和线上数据联动，达成品牌声量与销售增速的双重飞跃，从而崭露头角、迅速崛起。

线上线下，打通联动

有棵树诞生于 2018 年，从环保理念出发，开创了自然健康、低碳环保、柔软舒适的独特定位，在风潮涌动的内衣赛道突围而出。

差异化定位先行，品牌传播便是其后的重头戏。在这一环节，有棵树选择借力分众传媒，通过线下精准挑楼和线上数据联动，全面直击都市主流消费群体，快速有效占据消费者心智，同时全方位挖掘品牌潜在用户群，提升品牌传播知名度和品牌前景发展增长速度。

作为线下品牌传播的核心阵地，分众传媒能够强效高频触达都市主流人群。因此，有棵树选择分众作为线下主力投放媒介，通过饱和攻击不断扩大品牌声量。这对有棵树也意味着进一步在主流消费人群中扩大品牌影响力，将品牌理念与形象通过有效的传播攻势牢固刻画在消费者心智之中，为品牌营销实现增量。

不仅如此，分众作为阿里巴巴战略合作伙伴，在其技术支持下可以帮助客户品牌实现精准挑选目标受众相关楼宇。在与有棵树的合作中，分众根据有棵树产品的相关标签和数据，准确定位其潜客浓度最高的楼盘，进而进行精准传播。而在广告投放后，数据还可以回流至天猫，有棵树据此进行二次追投，有效提高产品的销售转化率。

此外，有棵树还在线上通过微博、微信、抖音等年轻人驻扎的社区持续进行深度种草，传递健康环保的新生活方式，并以天猫旗舰店、微信官方小程序商城、京东平台、唯品会为主力销售渠道，覆盖全平台，品牌用户超过 2000 万人。

创新理念，多维落地

在线上线下协同发力的基础上，有棵树还坚持以倡导绿色环保，可持续发展的新生活方式为品牌理念，无论是产品体系还是营销宣传都一以贯之，不断深化这一形象标签。

在产品方面，有棵树通过自然与科技的创新结合，孵化出"抑菌""逛逛""小碳黑"等多个系列科技产品，新近推出的植物肉肉杯内衣，更是进一步创新采用 EcoComfort 环保海绵和植物精粹提取物，产品力不断精进。

在包装方面，有棵树使用的所有纸张和纸板均来自可持续管理的森林，极大减少了生产过程中的墨水使用量；购物袋和包装盒的视觉设计也不断强化对消费者的环保理念传达。

在营销方面，有棵树签约当红艺人，以名人效应进一步拉近与消费者的沟通距离，绿色环保理念同样也贯穿其中。尤其在输出的TVC（电视广告片）中，有棵树通过代言人反复传递健康、活力的品牌特征。而在新近推出的产品植物肉肉杯的TVC中，有棵树更是以大量朗朗上口的叠词设计加深受众对产品卖点的记忆，并直接回应了当代女性渴望自然健康、柔软舒适的内衣穿着体验的诉求。

"6·18"大捷，收获阶段成果

在一系列前期整合推动之下，有棵树将2022年6·18购物节作为阶段性检验，在大促前启动品牌传播的全面攻势。

作为关键的线下传播阵地，5月起，有棵树强势登陆全国70多座主流城市的20多万块分众电梯屏，通过高频次饱和传播抢占消费者心智高地。同时，有棵树还在官方微博发起基于明星代言人的粉丝线下打卡、应援活动，引发社交互动浪潮。

持续着力的布局与投入为有棵树赢得全面大捷。数据显示，投放分众平台后，有棵树全渠道GMV较2021年同期增长近300%。6·18购物节期间，有棵树第一小时销量同比增长146%，最终超越大批知名内衣老牌劲旅，成功入围天猫内衣品类榜单前三。

从立足绿色环保到敏锐洞悉新生代需求、悉心打造产品力，从开创特性到线下线上协同发力，有棵树以一种更时尚、现代的审美表达，让产品焕发出令人耳目一新的活力与质感，同时也使品牌理念与用户情感需求达成了高度契合，更通过线下线上的打通与交互为未来的品牌传播演绎出经典范式。

广告预算黄金比，你离它还有多远？

众所周知，微妙美丽的黄金比例是 0.618，它存在于这个世界的所有角落。而在品牌广告预算分配中，黄金比例则是约 0.7，即 70% 的品牌广告 +30% 的流量广告。

但很奇妙的是，人们被流量冲击得神魂颠倒，有一批批迎合潮流的新消费产品在流量的浪潮里起起伏伏，也有一批批追逐潮流的新新人类在各大平台上搜寻着更低的折扣。

我们为那些有着高敏感度的、精明的老板竖大拇指，他们抓住了时代的浪潮，这很重要。所谓"红利"，就是在时代的引力、助力下轻易地被推上了浪潮的高点。

可是我们回头看，凡是那些后来没有从高点跌落甚至消失的产品，都不是靠周期性"潮流"引力继续悬浮在空中的，它们站到了坚硬的实力平台上。这份实力，就是获得了社会层面对产品和品牌的认可，有了大范围的忠诚消费者。

网红品牌只是初生阶段，品牌广告与流量广告比应为1：9

淘宝前直播运营负责人赵圆圆曾说："目前市面上9成以上的'网红品牌'将在5年内消失殆尽，有些品牌消失得会更快。"

当资本捧杀、伪需求争议、流量病态如荆棘将一批批的创业者越缠越紧，高涨的竞价流量成本和不断下挫的销售单价如一把剪刀卡住了创业者的咽喉，那些随着流量来，又随着流量而去的转瞬即逝的用户数据，终会熄灭曾经熊熊燃烧的创业初心。

商战厮杀如此残酷，很多品牌方非常介意自己被形容为"网红品牌"，但处在网生环境下，什么新品牌又能脱离这个阶段呢！如同婴儿时期就应当多喝奶，创新产品在脱颖而出成为网红品牌时，重点钻研流量广告投放是必须做的。

以新消费的网红品牌为例，营收规模在1亿元的初生阶段时，营销预算应该把重点放在购买流量上，品牌广告与流量广告的比例应为1：9。这个阶段品牌方所面临的迫切问题是打造出产品的好口碑，形成小范围的第一批忠诚用户，并且通过听取用户的反馈不断精进、完善产品，做话题，做内容，引发关注和讨论。

积累起了一些柴火后先点燃一个小火堆；再用一小部分预算

围绕流量广告的话题，聚焦一个点去做品牌广告，不让这个小火堆熄灭。

新锐品牌处于成长阶段，品牌广告与流量广告比应为3：7至5：5

经历了优胜劣汰的重重考验，最终能够存活下来之后，再光靠"喝奶"和"吃辅食"是不能支撑企业健康成长的。要想从网红品牌开始破第一个圈，就如婴儿断奶一样，必须经历第一次戒断和转变。企业要开始打造品牌势能，加大品牌广告的投放比例和资源力度。

营收一旦过亿元，ROI似乎变得难以捉摸，企业会感受到很明显的增长瓶颈。那是因为初期便宜的流量用完了，而互联网信息是海量的，通过最初的流量红利所能抢占的用户量只能是大海中的一瓢。这时候如果沉浸在"孕妇效应"中，感觉所有人都在拼命做流量，认为问题出在自己计算流量的方式上，这种对市场判断的盲区将是致命的。

成为二三十亿元营收规模的新锐品牌后，企业应该已经完成了产品的打磨、第一批忠诚用户的培养、网络口碑的经营，在品类的细分市场上站稳了脚跟。

这时应该选择一个目标用户群，可以是物理范围上的，比如某一些特定城市；也可以是针对某一特定用户群的，比如高消费人群或热爱健身的人群等，在这个群体范围内进行品牌广告的投放，从而扩大社会对品牌的认知，让更多"泛精准"的人知道你的品牌。

这时在互联网上要增加传播方式，创造话题和内容，创造可以被传播的流量。不要放过每一个热点，用合适的方式融入产品价值。

而品牌广告最好的选择是以分众为代表的电梯广告。电梯广告可以针对物理空间进行选择，而且"使命必达"。因为人们每天必须经过电梯，必须看到广告，每天重复自然会加深对广告的印象。同时，可以选择投放的城市和城市中的具体点位，也是电梯广告非常重要的优势，能够很好地控制预算。

在分众的广告框中还经常会看到品牌广告下附有天猫或京东旗舰店的标志，这是与天猫、京东的合作，既可以加大线上的流量投放，也可以同时通过线下品牌广告导流到品牌的线上旗舰店。

而当消费者再打开社交平台，或者看到天猫、京东、抖音的推送，再看到你的品牌时，大概率就会点进去做进一步的了解。初期累积的口碑和好评会给他们留下很好的印象。

同时，随着流量广告投放边际效应的递减，将预算转向加大品牌广告的投放，反而能有效带动消费者的点击和转化。

2021年迅速崛起的每日黑巧，就是借力分众电梯广告完成了一次经典破圈。每日黑巧作为典型的新消费品牌，切入的是黑巧

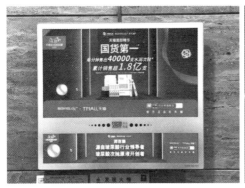

图 2-3 分众的电梯广告

克力这一细分精准赛道。为了提升在黑巧市场的份额,每日黑巧于 2021 年 9 月在天猫小黑盒首发"燕麦奶黑巧克力"新品,并随之通过分众平台展开首次品牌广告传播,希望以此实现破圈引爆。

密集的投放覆盖了 2021 年 9 月至 11 月的双 11 购物节传播全周期,从数据反馈来看,每日黑巧品牌广告的首次战役就获得了明显收效。投放期中,其免费流量占比、主动搜索量均迅速攀升,并超越了对标的国际品牌,最终成为天猫双 11 黑巧品类销售冠军,线上全渠道总销售额同比增长 350%。

品牌知名度和产品转化率的双双大幅提升,印证了每日黑巧的引爆和破圈。在分众电梯广告的助力下,每日黑巧成功进入数亿中国主流消费人群的心智之中,并且抢占了"新一代健康的巧克力"这一认知定位。

这样的案例在过去几年屡见不鲜。同为新锐品牌,有着相同诉求的英伦宝贝（i-baby）也经历了与每日黑巧相似的破圈之路。作为婴儿睡袋这个超细分赛道的后起之秀，英伦宝贝在 2020 年前从未进行过品牌广告投放。如何反超突围？英伦宝贝的选择是通过分众电梯媒体展开品牌广告传播。

从 2020 年 7 月开始投放，英伦宝贝的各项数据一路走高，至当年年底，其淘宝站内品牌词搜索量已反超第一大竞品 14 万次，天猫"品牌搜索指数"也在半年内狂飙超 240%。品牌势能的建立也带来转化效率的迅速提升。在投放分众后，英伦宝贝在各大直播战场的销量屡创新高。而在当年天猫双 11 购物节首日，英伦宝贝就成功问鼎睡袋类目榜首，单日销量突破 10 万条，同比增长 500%，整个双 11 期间的销量更是突破 20 万条。不仅如此，当年 8 月至 11 月，在投放品牌广告后的短短 4 个月中，英伦宝贝整体销量突破 40 万条，销售额过亿元，实现了品牌体量的进阶。

成熟品牌处于争王阶段，品牌广告与流量广告比应为 7∶3

营收上到几十亿元的规模时，企业基本已在品类市场中站稳了脚跟。此时企业大概率会迎来第二次增长瓶颈——在这个品类中，能做的好像都已经"做透"了，能打的目标用户似乎都已经打过了。

很多企业会选择在这个时候安顿下来，试图维持好这样的局面，但是商场中的生存法则决定了谁也不能够真的安稳。大品牌的时时掣肘，新品牌的虎视眈眈，导致企业不进则退。如果只在一个湖泊里扑腾，永远不会知道海的容量。

菲利普·科特勒曾讲，要形成社会共识，必须打动5种人群：购买者、决策者、影响者、体验者、传播者。仅仅通过流量打到"购买者"是远远不够的，品牌的势能是一种社会场能，就像喝水想到农夫山泉，酱油想到海天，电动汽车想到特斯拉，是一种众所周知，是一种条件反射。

而流量是精准分发的。在流量广告的投放大于50%的时期，企业主要是通过"货找人"的精准分发在获客创造销量，所以打造不了品牌，但可以提高交易效率。后期就要形成"人找货"，也就是消费者的"指名购买"，让消费者愿意主动搜索品牌关键词，这才是品牌的打造，能建立主流人群的群体认同。

当品牌广告与流量广告的投放比例达到5∶5，这是一个分水岭。流量广告的投放在此时基本已达到天花板，继续追投流量广告所带来的增长已趋近于无，仅仅是一种惯性。而若能在此时加大品牌广告的投放，除了提升品牌势能，增加消费者的主动搜索比例，也会提高流量广告投放的转化率、客单价，甚至降低流量成本。

这个阶段应该维持之前的流量广告投放和内容的打造，同时进一步加强品牌广告的投放。一旦品牌广告能够引爆，就会如同泼在火堆上的油，加上好口碑的大风吹，火势会瞬间漫山遍野。

此时投品牌广告最好的方式是投放中心化媒体——也就是那些具备社会群体引爆能力的平台，是能够覆盖全国范围内主流消费人群的核心媒体，是能够全面覆盖科特勒所提到的 5 种人群的媒体，比如中央电视台、分众电梯媒体、湖南卫视等。除非你能够和马斯克一样，发射卫星上天，这也是一种极端的中心化品牌势能打造方式，不然我们无法逃避常规的这几种媒体套路。

我们不妨来看看波司登堪称教科书式的品牌回归之路。2018 年，业务多元化但收效并不明显的波司登重新回归羽绒服主业，以崭新定位全面加强面向城市主流人群的品牌建设。

在夯实产品力基础及销售渠道等一系列战略配称后，波司登通过在中央电视台和分众电梯这两大中心化媒体的高频强势品牌传播，迅速引爆市场，重新回归主流视野，将波司登羽绒服的品牌价值和匠心品质成功传递给具有风向标意义的城市主流人群，再度坐稳"羽绒服专家"的王者品牌的位子。

谈及品牌逆势崛起的经验，波司登董事局主席兼总裁高德康曾说：做产品是做现在，做品牌是做未来，而品牌的力量是冲破"内卷"的关键。

需要强调的是，品牌广告切忌分散式投放。如果预算允许，建议选择集中引爆，以高强度的方式去输出品牌信息，物理空间是电梯和地铁，线上空间是中央电视台和热门综艺节目，必须让消费者避无可避地看到品牌广告，在同一时期以不断重复的方式印刻消费者的品牌印象，才能打造出品牌的社会场能。

全球极具影响力的市场研究公司凯度的报告指出，消费品70%的营收来自品牌，来自消费者的指名购买，只有30%的营收来自促销和流量。

以上分析以数据的形式来看，会更加明确（以消费品为例）：

表 2-1 消费品的营收来源

营收范围	1 亿元以下	1 亿~5 亿元	5 亿~10 亿元	10 亿~50 亿元	50 亿~100 亿元	100 亿元以上
品牌广告	10%	20%	30%	50%	60%	70%
流量广告	90%	80%	70%	50%	40%	30%

做到品牌广告和流量广告的比例为 7 : 3 之际，就是企业品牌真正成熟之时，是广告投放的终极黄金比。

每日黑巧：新入局者突围逆袭

在此起彼伏的新消费浪潮之中，新入局者搅动行业格局甚至后来居上的故事屡见不鲜。总结它们的成功经验，会发现它们的经历往往有着这样清晰的主线：通过品类创新，为用户需求提供创新产品；牢牢抓住时间窗口实现引爆，成功抢占消费者心智；深度分销，完成渠道闭环。每日黑巧便是其中的经典案例。

产品力：品牌崛起的底层力量

多年来，国内巧克力市场长期被国外品牌主导。而随着"0糖0脂0卡0添加"成为都市主流人群的饮食消费新风向，高糖、高热量、不够健康的巧克力产品逐渐进入发展瓶颈。欧睿数据显示，2020年国内巧克力零售市场规模为204.3亿元，与2019年相比下降近20亿元。

然而，尽管巧克力市场整体乏善可陈，但黑巧克力等某些细分品类却呈现出极快增长。京东《2021健康减脂消费趋势报告》显示，食品饮料类商品中，黑巧克力正成为消费者喜爱的一大健康食品，销量表现出色。

作为新锐消费品牌，成立于2019年的每日黑巧自诞生起便专注于健康升级这一消费趋势，主攻巧克力的研发和生产技术，以黑巧克力这个增长迅速的品类切入巧克力市场。

2021年9月，每日黑巧发布新一代健康巧克力：燕麦奶黑巧克力系列。这款针对未来市场和新锐消费者的产品，不仅打破了牛奶搭配巧克力的单一配方，以燕麦奶植物基实现对健康和口感的兼顾，更创新拓展了巧克力的定义，开启了对于传统巧克力市场的颠覆式进攻。

品牌力：紧抓时间窗口，强化认知

乘胜追击，每日黑巧开启品牌全新升级，集中火力投入品牌破圈建设。

从产品力与品牌价值观出发，每日黑巧以"不破不立"作为新一轮传播精神核心，携手颇受年轻消费群体欢迎的一线艺人，引发更多目标消费者的关注与共鸣。

而为了抓住时间窗口，将燕麦奶黑巧克力这一全新产品快速打入城市主流消费者心智之中，2021年9月，每日黑巧登陆分众电梯媒体，展开密集投放，深化每日黑巧在巧克力领域的创新者形象，助力品牌迅速出圈。

数据显示，分众广告投放期内，每日黑巧百度搜索指数同比增长926%，天猫加手淘月度销售额明显攀升，平均涨幅达3.5倍。与此同时，每日黑巧的迅速引爆也为品牌赢得了更多的免费自然流量。自2021年9月密集投放分众后，每日黑巧的免费流量占比逐渐接近并最终超越国外品牌。

经过短短 2 个月的品牌引爆，2021 年双 11 购物节期间，每日黑巧成功登顶天猫黑巧品类销售榜首，线上全渠道总销售额同比增长达 350%。

至此，借力分众，每日黑巧在时间窗口期成功将品牌破圈至更多主流消费人群，并强效固化了消费者对新一代健康巧克力这一新品类的认知，成功占领消费者心智。

渠道力：深度分销，形成闭环

从被看见到被"种草"，每日黑巧用高质量的产品实力与高频率的传播曝光逐步建立并巩固了品牌的知名度。与此同时，每日黑巧也着力建设渠道。

在全渠道布局基础之上，每日黑巧尤其注重深耕线下渠道，从创立初期就以便利店为核心展开渠道铺设。产品上线仅一年，就已进入全家、7-11、罗森、美宜佳等约 10 万家线下销售终端。此外，盒马等新场景渠道也是每日黑巧入驻的重点。

每日黑巧认为，选择重点关注便利店渠道，不仅因为其包容性强，消费者决策成本低，适合都市人群的生活与购买节奏，也因为其作为线下货架，缩短了从货到人的路径，让消费者可以更直观地看到产品，从而更直接地触发其购买欲望。

作为巧克力赛道的新入局者，每日黑巧抓住时间窗口，借力更健康的黑巧克力产品打开局面，通过强势中心化媒体传播迅速引爆出圈，依赖线下铺设渗透消费者日常消费场景，最终在行业巨头包围之中走出了属于自己的差异化道路，完成了精彩的突围逆袭。

疫情下，以餐饮行业为代表的产业观察[1]

疫情困境下，餐饮平台面临的实际问题

2022 年疫情之下，餐饮企业可能很艰苦。但我也相信，大家都在共同展望未来，一定要相信曙光在前方。

经济周期总是存在的。我自己创业已有 30 年，30 年中虽然有波动起伏，比如 2003 年出现传染性非典型肺炎（SARS），2008 年出现全球金融风暴，2020 年出现了新冠肺炎疫情。但是整体来说，中国是在飞速向上发展的，我们仍处在上升的大周期

1　本文改编自作者于 2022 年在"营销相对论"的直播分享。

中。在未来 50 年，我们可能还会经历比今天强得多的周期。汤因比在《历史研究》这部巨著中提出"挑战与应战"理论，我觉得人类就是在挑战与应战中生活的。

所以，我认为危机事件并没有好坏之分，不如把它看成激发大家应战能力的挑战。就像人的免疫系统，当有病毒攻击时，只要战胜它就获得身体免疫能力的一次提高。

在挑战面前，我们必须认同周期当中的高低起伏是客观存在的，未来还会存在。我们首先要管理好自己的预期。

所有人的危机就不是危机。每个公司都经历着类似的挑战，可能有些公司应战的能力更强，可能有些人更焦虑。只要你的现金流不垮，危机都会过去的。未来，你会对现金流管理有更深刻的认知。没有摔倒之后的头破血流，往往是不能真正体会到危机的，只有摔过才会快速形成很强的反弹机制。

再说，疫情过去后，餐饮企业就没有危机了吗？背后真正的危机是同质化，比如大家一窝蜂地都做酸菜鱼，什么菜式红了就一窝蜂地去做。

中国人口红利的时代结束了，流量红利的时代也结束了。

在这个市场环境下，生意已经不容易增长，我们还做着重复性的扩张，还认为只要开新店，总有人做加盟，这样就能赚钱。五六万亿元的市场需求已经够大了，期望每年市场还能有 10%~20% 的增长很不容易，因为人口红利、流量红利都结束了。

你还在增加那些同质化的供给，但市场已经不需要了。疫情总会过去的，核心是要解除同质化的危机。没有带来创新性的差异化价值，没有提供独具特色的供给，没有满足别人未满足的需求，你终究会陷入危机，没有疫情也会陷入危机。

市场形势不好，还搞同质化供应，只能做促销，最终形成了促销和流量的依赖症，不促不销甚至利润倒挂。生意的核心既不是促销也不是流量，而是消费者有一个选择你而不选择别人的理由。

你有没有竞争性切入点，到底提供了什么别人没有提供的价值？我们研究竞争对手并不是为了打败对方，而是研究竞争对手没有满足的消费者需求还有哪些？如果能把差异化角度提炼出来，围绕这个差异化打造你的品牌，你就打造出了一种认知，给消费者提供了一个选择你而不选择别人的理由。

全球知名的市场研究公司凯度的研究报告说明，一个健康的企业，它 70% 的生意来自消费者的指名购买，还有 30% 的生意来自促销和流量。

大家回顾一下自己每天都在忙什么。如果你的生意是倒过来的，百分之七八十的资源用在研究怎么促销、怎么获取流量，只有百分之二三十的资源用在研究消费者选择你的理由是什么，结果只会越来越忙，越来越焦虑。

促销和流量在起步时有效，但便宜的精准流量就这些。当品牌的价格往下挫，流量成本不断往上涨，获客成本也不断往上涨，利润越来越少，生意就越来越难。遇上一次危机，利润就大幅倒挂。而如果把70%的资源用在打造你的差异化价值上，那么你应对危机的能力也会更强。

门店运营效率、数字化、私域、公域等都要做，但是大家太多时间都在研究促销、流量、员工管理，没有回到本质上——你的竞争性切入点是什么？如果没有这个基础，你的运营效率再高也没有用。

你今天掌握了流量平台的一些算法，别人也在掌握，你"种草"别人也在种。更重要的还是回到核心的差异化价值上，这才是立根之本，这叫"道"，其他的都是"术"。

左庭右院是非常优秀的上海餐饮企业，今天这么多人开火锅店，再开一家麻辣火锅店会成功吗？因此它必须找到一个差异化价值。其创始人郑坚说：我只用当天现宰的鲜牛肉，我来定义"鲜牛肉火锅"。鲜牛肉火锅拒绝冻肉，你跑到别家吃的可能是冻肉，你到左庭右院吃的就一定是鲜牛肉。这个独特的差异化价值深深地打入消费者心智之后，逻辑就很清楚，消费者想要吃涮牛肉就会首选左庭右院。

真正的危机并非来自外界，而是模型与产品

本质上打败我们的不是疫情，而是我们在市场上不够有竞争力。我们展现不出差异化价值，所以不会被消费者坚定地选择。我们面对的真正危机其实不是外界的，而是我们的模型和产品本身。

用"术"是对的，但不能在用"术"的过程中忘记了"道"，没有"道"的"术"是没有用的。

无论是餐饮还是其他行业，首先，你必须开创一个差异化价值，要么开创一个品类，要么开创一个特性。比如左庭右院开创了鲜牛肉火锅，又比如巴奴火锅开创了毛肚火锅。

其次，抓住创新的时间窗口。你的差异化建起来之后，难道别人就不能模仿吗？比如太二做酸菜鱼，难道别人不能做酸菜鱼？

开创了一个新的品类后，你在6个月到1年中会有领先的规模化效应。你必须抓住这个时间窗口对消费者进行饱和攻击，在消费者心智中让你的品牌等于这个品类。完成这个心智固化，就构建了品牌护城河。

可口可乐能被模仿吗？我相信一定能做出跟可口可乐非常相似，甚至更好喝的可乐，但是你模仿不了可口可乐在消费者心智中的定位。

餐饮行业其实没有什么是不可模仿的，最重要的是消费者会想起谁。鲜牛肉火锅就是左庭右院，当别人再跟进时，做广告也自称鲜牛肉火锅，消费者却立刻想起左庭右院。别人投1元的广告有5角的效果是被左庭右院吸走了。这就是品牌广告的虹吸效应。再比如你在机场路过一个广告牌，你没看清楚，走得太匆忙，只觉得是个高级羽绒服广告，你会想起波司登。

开创差异化价值很重要。中国已经有几十万家奶茶店，每个人都觉得自己可以开 2 万家，甚至 5 万家。为什么有这么大自信，这个市场不会饱和吗？

饱和的永远是同质化的东西，不饱和的永远是差异化的东西。

书亦的王斌做了一个植物基奶茶，其他品牌都加牛奶，书亦加 Oatly（噢麦力）燕麦奶，低卡低脂好喝不腻。世界上奶茶分两种，一种是牛奶做的，一种是植物奶做的，用植物奶做的就是书亦。这时候，同类奶茶店的数量对书亦而言已经不是问题。但如果你的产品也是跟别人一样的奶茶，就是同质化竞争。

书亦烧仙草先是卡住了"植物基"的定位，再将其引申到书亦所有的产品，王斌用这个逻辑在分众上做品牌饱和攻击，抢占了"植物基"在消费者心智中的位置。别人再做植物基的奶茶，可以模仿吗？可以，但是消费者首先想起的是书亦。中国有好几百种果冻，但在消费者心智中只有喜之郎一种。因为它拥有消费者的心智产权，在消费者心中喜之郎等于果冻。

其实"道"和"术"是硬币的两个面，都很重要，二者应该是组合关系。

流量广告解决的问题是"买它、买它、买它，更低价买它"。品牌广告解决的是"爱它、爱它、爱它，为什么爱它"。

当品牌势能提高，购物节活动时势能就会转化成销量。而如果经常促销，你今天抛了个低价，明天别人会抛更低价；你今天做鲜果茶，明天别人可以卖更便宜的鲜果茶。没有爱的买只会是一次性的，这种生意不可持续。

因此，对企业而言，第一要开创差异化价值，第二要抓住时间窗口进行饱和攻击，目的就是要在消费者的心智中成为某个细分领域的首选，不要做一个大类别当中的第五、第六，那样你就没前途了。

比如说我穿的裤子是九牧王男裤。九牧王做男裤本来在市场中是第一的，但在上市之后开始做男装。男装领域在中国有很多竞争者，九牧王可能只能排到第五。大家去购物中心买男装，有没有必须选择九牧王的理由？其实没有。

于是，九牧王重新定位"全球销量领先的男裤专家"，集中火力做"全球裤王"。4倍高弹面料，又舒适又修身，我现在所有的裤子都是这个牌子的。男生在买一条裤子时，就会想起九牧王。而当进店找到一条满意的裤子，他随手又拿了一件上衣搭，很快就一起买下了。

成为细分领域里的首选，才是消费者走进你店里的理由。一定要有这个"钩子"，巴奴的毛肚做得特别好，"钩"住消费者进店，消费者一定还会消费其他产品。再比如我喜欢吃农耕记，因为想到樟树港辣椒。

品牌形象固化后，如何打造新的差异化

很多品牌认为自己在消费者的心智中已经固化了，这时候想要再去打造属于自己的差异化，应该怎么做？

以奶茶为例，很多品牌都觉得自己的优势是"好喝不贵"。那么当喜茶卖 15 元时，你怎么办？"好喝不贵"不是正确的品牌定位，定位是开创了一个新品类或者新特性。我举一个奶粉的例子。中国有 1000 亿元的奶粉市场规模，这个市场当中有多少个定位？惠氏奶粉针对 0~6 个月的婴儿，提出"不便秘不上火，添加 7 种膳食纤维"。小宝宝的父母一听，正是选择惠氏的理由。7~12 个月阶段的婴儿断奶后很容易生病，多美滋提出"添加了益生元配方，打造宝宝自己的抵抗力"。0~12 个月阶段宝宝奶粉都充分竞争之后，美赞臣提出 1 岁的宝宝脑部开始发育，所以它的产品添加 4 倍 DHA。宝宝 1 岁的时候，把奶粉换成美赞臣，不让小朋友输在起跑线上。

"三聚氰胺事件"之后，大家一度对国产奶粉产生了芥蒂，要买原装进口奶粉，于是 Karicare（可瑞康）说自己是 70% 新西兰妈妈的选择，原装进口新西兰奶粉第一品牌。诺优能说自己是荷兰奶粉第一品牌，爱他美说自己是德国奶粉第一品牌。接着，市场上又出现了蓝臻美赞臣、皇家美素佳儿。因为母乳中最重要的免疫力成分来自乳铁蛋白，能给小宝宝更好的免疫力，于是出现了惠氏启赋 OPO 奶粉，更加接近母乳，促进奶粉中的小分子结构更加亲和人体、更好吸收。又因为有些小朋友乳糖不耐受，a2 奶粉分子更小、更好吸收，还有佳贝艾特羊奶粉，提出"怕过敏喝羊奶粉"。还有些小朋友要喝有机奶，有机奶更适合宝宝娇嫩的肠胃。飞鹤想出"更适合中国宝宝体质"，一方水土养一方人，你们这些外国品牌研究了好多理论，但不是55年专为中国人研制的奶粉。

再往下看，还有很多全新的奶粉配方，日常饮食中没有的很多营养成分都帮消费者补齐了，ARA（二十碳四烯酸）、脑磷脂……3岁到6岁大脑发育阶段要不要喝？

所以，我觉得不用担心找不到一个独特定位，只要洞察消费趋势就可以找到。比如结合消费中的健康趋势，奶茶就可以变成植物基的0糖奶茶。有奶茶叫"7分甜"，也可能有奶茶叫"3分糖"。

别的酸奶说自己有多好喝，添加了什么营养成分。简爱酸奶却说自己无添加，只用生牛乳、糖、乳酸菌，没其他的了。

品牌不怕找不到一个定位，只怕不花精力去找，跟别人混在一起跟风。就像分众：结合电视媒体和户外媒体，分众做了一个户外电梯电视媒体，把人们看电视广告的时间从晚上换到了白天，从家里搬到了家外，这不就是一个全新的类别吗？

想一想这个世界，别人往左走、往东走的时候，你就往右走、往西走。新大陆是怎么发现的？如果你往反方向走，就能发现新大陆。

经济低迷，不做营销会更好吗

所有成功的企业家都有两个特质，一是有雄心，二是有定力。这才是企业家精神。

在经济低迷的情况下，确实会有一些人认为不做营销、不投入这些钱会更好。因为每个人的人生选择不同，有些人只是想养家糊口，过一种其乐融融的中产生活，他选择这种观点是正确的。而有些人想要做个企业，即使已经财富自由了，仍然想做下去，想完成一个使命，就像我一样。分众已经有这样的规模和市值，每天工作还那么多，我也没觉得累，因为我热爱这件事。

我和很多餐饮企业家聊天，他们都财富自由了，但是为什么还要把企业做成连锁？因为他们有雄心，想做点儿事。比如我，我希望在退休的时候，能看到中国顶尖的品牌都是我参与推出来的。这件事情让我觉得很有意思，让我觉得自己没白来这个世界一次。大家最后会死，我情愿作死，也不要等死。人生本来就是个过程，不能只看结果，只有在投入地做一件事的过程中，才能有很多体会和经历，才真正学会很多东西。

我从大学二年级就加入广告业，开始做广告公司，做了 10 年后，创立了分众。我大学一年级时是夏雨诗社的社长，二年级时是华东师范大学的学生会主席，三年级时是一家广告公司的总经理。我觉得浓度高的人生才有意义，每个阶段都能够有突破自己的事情。

那时候广告公司还很少，我们先去做了，去探索了，虽然当时也有很多的挑战。10 年之后，它成为一家年营收 2 亿元的广告公司。2002 年，如果我这样走下去也可以走到资本市场。

尽管当时它已是十大民营广告公司之一，一年赚 1500 万元，可能相当于现在的上亿元。其实不折腾过得也很愉快，但是我没有一个客户非要选择我的理由，我处在同质化竞争中，所以我觉得要去做媒体。

我决心做电梯媒体，因为我看到了一个重大的机会。首先，中国最大的改变是城市化，会造楼。楼造完都要有电梯，以后大家每天都要乘坐电梯，这是个多么好的流量入口！

另外，做了 30 年广告后，我知道没有人要看广告。看电视是为了看节目，看手机是为了看内容，广告是个反人性的行业。好像只有在等电梯、乘电梯的时候，在一个无聊、封闭的空间中，消费者才会主动看一下广告。

于是，我毅然决然地把之前赚的 5000 万元都投下去了，5 个月就基本花完了。又回到起点，10 年的努力就要付诸东流了。

说当时不后悔是假话，但我无路可退，只能硬着头皮往前走。接下来，我拿到了软银、鼎晖的投资，陆陆续续融到了大概 5000 万美元。我用 2 年 7 个月把分众从创立带到了纳斯达克上市。

创立分众时，非典是危机。但也正因为这场危机，别人都不敢跟进这个模式，我迅速把核心的写字楼资源都占了。而等到非典危机过去的时候，我的行业竞争壁垒已经建立起来，分众也就一直走到了今天。是危机还是战机，是好还是坏，很多时候只在一念之间。世界总是会给你一条路走，只要能杀出重围，最后就成功了。

几乎每个企业都犯过错误，甚至很多人的成功正是因为经历过刻骨铭心的痛，才有了最真实的理解。我也曾经犯过错误，分众也跌宕起伏过。创立 5 年时间，我把分众从 0 做到 86 亿美元市值，过了一两年，市值一度下跌到 6 亿美元。很多人说海底捞张勇犯的错误，我觉得无所谓，海底捞还是很有竞争力，仍然是全中国最优秀的企业之一。再比如西贝，我认为贾国龙是中国餐饮企业中特别有思想的企业家之一，他敢于去尝试，即使走过错误的路，走了几遍发现不对，那不走就行了。

无论成功还是失败，每一次尝试都是经验和知识的累积，而原地不动就一定什么也得不到。今天贾国龙做功夫菜，未来可能就是对吃饭方式的重大颠覆，只是今天还在萌芽当中。如果未来取得了巨大的成功，那么今天他试过的所有路，不就是他累积的经验带领西贝走到正确路上的过程吗？

这个世界没有人能停在原地，何况有时候你努力奔跑，恐怕也就是能保持在原地。一旦放任自流，很快就会被淘汰。要不断思考自己的独特价值，不去跟风，要回到原点思考创业的初衷，给消费者提供到你这里来的理由。

所有营销、一切创业都只有一件事情最重要：给消费者一个选择你的理由。

如何用确定性打赢不确定性

我在和很多人的交流中发现，大家还是会担心市场的不确定性太多。

市场一定是有不确定性的，所以要用确定性打赢不确定性。

在复杂的竞争环境当中，大家都喜欢讲变革、拥抱变化。贝索斯有句话：我不知道未来 10 年会怎么变，但我知道什么是不会变的。对于亚马逊来说，用户希望选择更多、价格更低、送货更快，这是不会变的。所以他把资源都花在了这三件事情上，以不变应万变，这就是确定性。

品牌传播有三种路径。第一种是做出一个热点事件。比如李宁参加纽约时装周，鸿星尔克 2021 年为河南洪水捐款等，这些事件都带来了非常好的反响。比如老乡鸡创始人束从轩在疫情期间，只用 200 元开发布会，产生了很大的影响。但是做出类似事件的难度高，不确定性很大，一年就只能火几个。热点事件是不可持续的，它具有极强的偶然性，可遇不可求。你也去开个 200 元的发布会，恐怕就没人注意了。

第二种是融入重大娱乐节目。你赌对了一个娱乐节目，比如加多宝投《中国好声音》，伊利投《爸爸去哪儿》，安慕希投《奔跑吧兄弟》等，综艺节目其实一年就红两三个，你正好成了它们的冠名赞助商，你就起来了。

第三种是引爆品牌。就像分众，你总要回家，总要上班，总要到商场、影院，这是确定的，分众就在那边等着你。益普索每年都做中国的广告语调研，电梯媒体的广告记忆度最高，日到达率为 80%，仅次于互联网广告，而互联网广告的入口太分散。因为电梯是主流消费人群每天的必经之路，而且很高频，你反复看到妙可蓝多的广告，广告歌唱着唱着，你发现你最终还是买了。电梯是封闭空间，走在马路上注意力会分散，而在电梯里你能盯着旁边的人看吗？不能。会盯着不锈钢看吗？你肯定会不自觉地去看有字的地方，因为此时人处在大脑空白需要填补的状态。

中国城市居民每天接触最多的广告是互联网广告、电梯广告和电视广告

各媒体广告日到达率

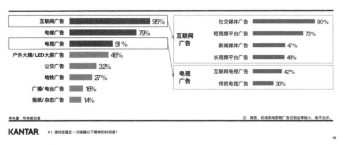

图 2-4　各媒体广告日到达率

电梯媒体、社交媒体以及短视频媒体上的广告能够被城市消费者记得的品牌数量也最多

各媒体渠道广告平均记忆数量

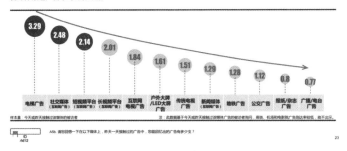

图 2-5　各媒体渠道广告平均记忆数量

在不确定性中寻找确定性，分析什么东西是确定的，顺着确定性走。管理不是管理结果，结果是不可管理的。"谋事在人，成事在天"，可以管理的是因果。因种对了果才会是对的，种瓜得瓜，种豆得豆。

为什么分众做的客户成功率挺高？因为我花过 1000 多亿元的广告费，也踩过坑。在踩坑时我不断总结、不断复盘。

总结所有错误的案例，会发现主要有四种错误。第一种是定位错误。比如飞鹤以前的广告语是"飞鹤全产业链呵护宝宝的营养与健康"，和今天的"更适合中国宝宝体质"相比，你觉得哪个更好？显然后者才说出了选择你而不选择国际品牌的理由。

第二种错误是没有引爆。打品牌最怕像撒胡椒面，一下撒完了，哪儿都没看见。要把预算聚焦在目标人群，聚焦在核心媒体打透。

第三种错误是没有"种草"。网上"种草"要种好，消费者去搜索你的时候，如果搜出来的内容是竞品水军说买你的产品是交智商税、恶评如潮，那你就玩不下去了。

第四种错误是流量收割没做好。比如你做餐饮品牌，在美团、点评及线下都要做好获客、收割的接触点。

很多人觉得做品牌要再多花很多钱，其实不是。你把预算分好比例，比如百分之三四十去做品牌，百分之六七十做流量。品牌广告会让你有 10%~50% 的免费流量，流量转化率也会越来越高。一样的流量投放，同样是做酸菜鱼，太二和其他品牌的点击量可能差 3 倍。

同时，你的溢价能力也比别人高，消费者更信赖你，愿意花更高的价格买一份安全感。你会发现很多人主动找你合作，商场愿意给你更好的位置，因为你自带流量。

流量平台是不确定的，它的算法不断地变。而品牌是你自己的，是确定的。它是不断累积的，像做投资一样，可以享受时间的复利。

现金流不够，营销如何做到高性价比

大公司和小公司的品牌打法不一样，但品牌定位和品牌差异化价值是毫无疑问要做好的，没有定位早晚得死。

大的公司已经做到一定规模，比如我们有一个成都的客户——烤匠，主营业务是做烤鱼。成都做火锅的最多，他的广告语是"不吃火锅就吃烤匠"。成都人每天反复在电梯口听见用成都方言说的这句广告语，时间久了，某天不想吃火锅了，就会条件反射地想到去吃烤匠。

2020 年，疫情导致很多店都没生意，而烤匠每天都在排队。因为烤匠做到了"主动增长"。在过去很多年里，大家习惯了被动增长。购物中心以前只有一个楼面做餐饮，只要能进去开一家店，大家都会来吃。但这个时代过去了，现在更可能有四个楼面在做餐饮，竞争非常惨烈。

如何让消费者第一个想法是去你家？比如在写字楼上班的白领，每天中午都会面临吃什么的问题。他在早上上班和中午下楼准备吃饭时，看到广告里播出肯德基、小龙虾、汉堡，很有可能就被带过去了。所以当900万人每天被提示"不吃火锅就吃烤匠"，哪怕只有千分之一的人做出消费决策，那也是9000人，足够支撑烤匠24家店每家都爆满。当锲而不舍的提示在消费者大脑中形成条件反射，烤匠的营收很快从两三亿元上涨到了六七亿元。于是，烤匠的店面迅速从24家扩张到了40多家。

在当时拿出两三千万元投放分众，相当于拿出烤匠营收的10%，的确要敢于下决心。当然烤匠的张支成算得很清楚，品牌势能强了，不用天天打折了，人工、房租等成本基本没有增加，到店的客流却可能增加30%，利润可能就增加40%，而且翻桌率更高。

小公司也一样要有定位。小品牌做生意就锁定门店3公里范围之内。比如在3公里范围之内做火锅，可以做细分品类中的菌类火锅，成为这个区域的菌类火锅的第一。

每个品牌都应该做好差异化定位，企业大小的区别只在于你是做3公里范围之内的第一，还是城市第一，或是全国第一。比如海底捞、西贝做全国第一，而中式快餐上海有老娘舅，安徽有老乡鸡。再小一点，比如在某个商圈里成为轻食简餐的第一品牌。你的广告投放就围绕你的目标区域打。

分众的智能屏可以自由选择投放区域，比如一个小品牌，只选其门店周边的 10 栋写字楼，只做 12：00~13：00 和 18：00~19：00 的，每个屏幕大约会放 30 次广告。10 栋楼如果有 100 块屏，一天花 200 元，假设 10 栋写字楼大约有 5 万人，哪怕只引导了 5 个人到店，也能把成本赚回来了。

小品牌有小的做法，要走精准路线，但主动增长是必需的。

在中国餐饮市场上，既要在抖音、小红书、美团点评去"种草"，同时也要在门店周边 3 公里做导流，这两个是标配。

悲观者正确，乐观者前行

好的时候会隐藏坏的事情，坏的时候也会隐藏好的机会。你如果不把市场波动当作常态，在阳光灿烂的日子不修屋顶，到了大雨倾盆的时候再来修，就会特别痛苦。

面对市场波动，我觉得不必灰心。盛极必衰，否极泰来，无论市场如何波动，我们要做的都是时刻心存正念、做好准备。未来不会属于躺平的那些人。好的时候可能是万马奔腾，但在坏的时候如果你还能一直保持高强度的行动力，等到环境转好，一马当先冲出去的一定是你。

不要被负面情绪影响太多。我们有个同事在疫情期间每天早上 6：00 起床，先打点好家里的事情，照顾好家人。对于手机里的新闻，他只看一下疫情数据，后面就不怎么看了。他说看那么多的新闻时间很快就过去了，只会越来越焦虑，负面的信息扑面而来。他每天开完三四个电话会议后就去做志愿者，有货源就去做团长，帮大家解决问题。他还在这个过程中认识了新客户，了解了更多消费者的真实观点。这样充满正能量的充实的生活，不比在家浑浑噩噩地看了很多负面新闻，每天抱怨生气要好得多吗？

悲观者正确，但唯有乐观者才能前行。五四青年节的时候，我在公司群里说，人不是因为变老才停止奋斗，而是因为停止奋斗才会变老。你可能觉得市场差，但中国餐饮市场有 5 万亿元的规模。就算市场形势衰退了，很多餐饮企业不做了，坚持下来的企业瓜分这个市场，它们的生意反而会扩大。

你不能够改变世界，但可以改变自己，让自己变得更强大。过去 30 年也好，未来 10 年也好，跟全球其他地区相比，我们中国都是在一个非常好的时代中。如果不是生长在中国，很多企业家不一定能有现在这样的事业。人生中总会有一些波荡起伏，只有出现戏剧性的情节，才显得你的人生特别有力量。中国总要成为世界第一大经济体，在这个大机会里面有一些波动，我认为不改变本质。

我希望大家都充满信心，无论市场好不好，只要你比别人努力那么一点点，而不是苟且那么一点点，你最后一定是胜者。

每一代人都有每一代人的新消费

有人问我，这两年的新消费会不会回归到疫情之前？之后的消费市场会不会变得越来越好？

我觉得不会。因为每一代人都有每一代人的新消费。

今天大家觉得农夫山泉是个知名品牌，它在 20 年之前就是新消费。旺仔牛奶、旺旺仙贝在 20 年之前也都是新消费。只要有新一代人产生，就会有新一代的新消费品牌，这是注定的。

企业总是要为新人类、新需求打造新产品的。比如"0 糖 0 脂 0 卡"这样的产品出现，是因为有要好喝又要健康的需求。但是新消费也要向老消费学习，虽然有自己独特的价值，对新人类、新需求有更新的洞察，但如果缺少了老消费的"三件事"，可能这两年会觉得备受打击。

第一，供应链能力。

第二，完美线下渠道。太多新消费都被困在线上流量的内卷中，互联网上是开放式的无限货架，而线下是有限货架，线下渠道网点的铺设和建设依旧很重要。

第三，心智的打造。即使纯互联网品牌，做到两三亿元的规模之后成为网红品牌，也就进入了瓶颈期，因为精准流量用完了。这时候要破圈成为公众品牌，这也是建立品牌护城河的过程，否则很容易被同行模仿从而陷入竞争。

无论是老消费还是新消费，品牌建设就只有两个要点，第一个是抢占心智，第二是深度分销。我坚信中国新消费的美好未来，不要因为短期的得失而改变发展方向，向老消费学习经验，保持自己的优点，成为一个完整的、优秀的公司，不断地取长补短。

关于未来的消费市场，我认为马太效应会越来越明显。因为波动中有很多中小公司受到了很大的打击，一些企业离场后空出了一定的市场份额，消费者也会因疫情而更愿意选择头部品牌，所以头部品牌的市场份额只会扩得更大。

所以，头部消费品牌以及那些在某个细分品类里具有独特价值的头部品牌不用担心。这些品牌具有领先价值，在某一个人群、某一个场景、某一种功能中，是消费者首选，会越来越强。

企业要担心的是自己有没有独特的价值，而不是担心市场好坏，宏观市场环境是你不能改变的。

下篇 **论道：**

用确定性打败不确定性

2022 年，新消费的发展到头了吗？[1]

2022 年即将结束，疫情仍在反复，股市时常波动，不确定性充斥着我们的生活。

而商业的魅力正在于它的不确定性和无限可能，成功的商业是用确定性打败不确定性，将"可能"变成"可以"。

过去的一年，分众传媒董事长江南春与 1000 家企业的创始人、领导者进行交流，发现成功的企业虽各有成功之处，但背后又有相近的方法论，他总结为 8 个字："抢占心智，深度分销。"

中国的创业者如何在动荡的市场中找到"确定性"？不同发展阶段的企业如何做好抢占心智和深度分销？新消费品牌的未来

1　本文根据吴晓波与江南春的直播对谈改编，首发于公众号"吴晓波频道"。

增长焦虑的时代，品牌传播的两大误区

江南春：市场研究公司凯度做过总营销回报率的分析，发现从长期来看，一个企业70%的销售是由它的品牌资产贡献，只有30%的销售来源于它短期做的流量。

而非常多的品牌把90%的精力投入到效果立马可见的促销和流量广告当中。促销和流量广告可以帮助品牌达到下个月的销售额增长目标，但是不能帮助品牌走出价格战和流量战，不能让品牌走进消费者心智，企业很难通过这种方式取得应有的利润。结果是价格不断下降，流量成本不断上升，利润变得越来越稀薄，这就是焦虑的源泉。

同时，处在互联网时代下半场当中的一些企业有很多误区。

第一个误区是认为在互联网时代只要有极致的产品、极致的性价比，就会有消费者。因为互联网时代有口碑传播，每个人在网上都可以发出声音。而事实往往相反，你的品牌在"种草"，你的竞品在反向"种草"，面对这么多不同的观点，用户最后依旧无法做出判断，更加依赖品牌做出消费决策。对精力有限的消费者来说，品牌作为信息简化器的作用会越来越大，实际上最终是选择一个品牌。当别人还在"种草"的时候，你应该去种一棵大树。

第二个误区是认为互联网会让沟通变得更有效。实际上也不是的，虚拟世界是无限的，品牌投入得再多也很容易被淹没。而现实世界是有限的，只有打爆消费者有限的生活空间，在现实世界的有限空间中去引爆品牌，才能获得更大的露出和更大的可视性。

吴晓波：你刚才讲到了一个概念"种草"，现在是一个碎片化的时代，整个传播已经不再是金字塔式的，大家也不知道消费者在什么地方，所以会在一些社交媒体上通过场景化的描述，让消费者形成认知最后导流来购买，这是所谓的"种草"行为。而"种树"就是另外一回事了，什么是"种树"？

江南春：总结一下 2022 年的媒体趋势就是三点。

第一个趋势是用中心化媒体引爆品牌，对抗信息传播的碎片化。所谓的"种树"，就是通过中心化媒体形成集中引爆，然后把品牌的形象打入消费者心智。很多品牌是被引爆起来的，无论是分众引爆的，还是顶级卫视栏目引爆的，都叫"种树"。

0~1 亿元规模的品牌可以去"种草"，培养原始的种子用户。大多数公司在两三亿元规模之后需要引爆破圈，才会带来真正的销量增长。所以"种树"和"种草"不矛盾。菲利普·科特勒先生讲，要形成社会共识，必须打动 5 种人群：购买者、决策者、影响者、体验者、传播者。今天我们看到"货找人"的精准分发提高了交易的效率，但是"人找货"才是打造品牌。打造品牌需要中心化的媒体来代替碎片化的流量，来建立主流人群的群体认同。

第二个趋势是用不断重复对抗用户在信息爆炸环境下的快速遗忘。诺贝尔经济学奖获得者丹尼尔·卡尼曼在《思考，快与慢》中介绍，人们对于熟悉的东西会放松认知，做出舒服而轻易的判断。品牌就是要通过重复，建立消费者的安全感、信任感，在品类当中成为标准和常识，成为消费者不假思索的直觉选择。

第三个趋势是用确定的媒体逻辑，对抗不确定的发展环境。使用核心媒体长期累积品牌心智，这样复利效应才会越来越大。谁都想创造当年最火的营销事件，但是它的成功率很低，很难复制，可遇不可求。

凯度集团大中华区首席执行官暨 BrandZ™ 全球主席王幸在百强品牌排行榜的发布会上，强调了"双微一抖一分众"的概念，她认为这是当前传播的有效范式，即线上以"双微一抖"为代表的社交媒体进行内容营销，和线下以分众为代表的媒体在公寓楼、写字楼、电影院的场景营销相组合。

新消费的下一波是线下化

吴晓波：前段时间喜茶开始裁员了，2021 年海底捞好像也开始裁员，大家就说新消费、新国货是不是已经做到头儿了，你对这些观点是怎么看的？

江南春：我觉得新消费发展的过程当中有很多创新，也有许多需要回归传统的地方，但坚信新消费的未来是光明的。因为新一代有新一代的需求，一定会催生新一代的品牌。今天新消费发展稍快了一些，过于依赖流量红利，所以根基略显不稳。

今天对新消费来说，流量红利的放缓会带来一次回归。今天的新消费品牌要解决两个问题。

第一个问题是有些新消费品牌过度追求精细化运营，战术上的勤奋解决不了战略上的问题。做到 2 亿 ~5 亿元的规模之后你没有去破圈，铁杆粉再多也就是这点量。所以需要破圈，抢占更多的消费者心智，从网红品牌变成公众品牌。

第二个问题是渠道太依赖线上。我预测中国新消费的下一波浪潮是线下化。当真正建立了强有力的线下渠道渗透率的时候，新消费品牌才能实现更大规模的增长，才能真正具有比较强的盈利能力，因为线下是有限货架、有限心智。

吴晓波：我觉得很多新消费品牌都在经历补课阶段，这些所谓的新消费势力，原来可能都不在这个行业。因为它们掌握了流量能力，在非常短的时间里通过流量投放和电商的风口期，实现了爆发式的增长。

但它们面临两个问题。第一个是供应链的问题。做美妆的也好，做牙膏的也好，做雪糕的也好，做到一定规模以后都去买地建工厂，回到供应链本身。因为如果制造能力不够，就没有产品的生产能力和定价能力。

第二个是线下渠道的问题。新消费品牌和传统意义上的消费品公司已经没有太大的区别了。在 20 世纪八九十年代，品牌开始进入一个行业的时候，第一件事不是去找消费者，而是找一个生产线，把品牌设计出来，通过分销商的渠道卖给大家。现在可能是通过流量化的方式先获得一批用户，但回过头来，该补的课、该踩的坑、该做的事都得重新做一遍。所以，我们要用更长的周期性的心态来看一个企业。那么，你认为今天的新消费品牌怎么办？

江南春：我做了 30 年消费品的营销，最大的体会是整个新消费要回归本质。总结为 8 个字："深度分销"和"抢占心智"。

渠道渗透率高、心智渗透率高才是王道。首先，产品一定要好，没有好产品根本进不了决赛。但进入决赛之后你也不一定会赢，因为同一级别的优秀公司会跟你同场竞技。这时候渠道渗透率很重要。

其次，你在消费者心智当中等不等于一个品类，等不等于一个特性？你抢占了消费者心智吗？在消费者心智中有没有一个选择你而不选择别人的理由？

强品牌有更强、更长期的竞争力和免疫力。强品牌有溢价能力，即使在促销的时候也有利润，而弱品牌已经没有利润。在经济低迷时，消费者其实会把钱花在更稳妥、更具确定性、信赖感更强的强品牌上。危机期间，强品牌敢于出手，反而是一个与其他品牌拉开差距、扩大份额的好时机。

企业打造品牌的节奏是什么

吴晓波：你觉得一个品牌应该先去打动消费者理性的一面，还是感性的一面？品牌打造的节奏到底是什么？

江南春：我认为最重要的问题是在消费者心中拥有一个差异化的价值，不同的阶段有不同的打法。

比如说创业起步的时候要有独特的功能卖点，要么代表一个品类，要么代表一个特性。这个时候通过精准分发和社交"种草"，抓住原点人群。

你达到几亿元的规模之后，精准分发、社交"种草"进入了瓶颈期，之后要通过品牌定位引爆破圈，要成为一个细分人群的首选。

从几亿元规模开始奔向几十亿元规模时，品牌会进入第二个瓶颈期，需要迭代新品和开创场景。绝味鸭脖以前的广告主打味道麻辣鲜香，但要实现再增长就需要场景引爆。比如分众在写字楼给绝味做的电梯广告是"没有绝味鸭脖加什么班！"，在公寓楼电梯里投放的是"没有绝味鸭脖追什么剧！"。这就开创了场景，有可能激发潜在需求，创造商业增量。

当企业发展到百亿元规模，已经是个行业领导品牌，就要提高品牌势力，输出价值观，建立文化认同，成为领袖品牌。很多公司的失败在于方法都懂，但是阶段错位了。很多公司刚建立的时候就讲情怀，但是在今天，讲情怀往往是成功者的特权。

在过去两年里，我觉得最成功的案例是妙可蓝多和元气森林。它们都是首先把公司战略目标聚焦在非常好的细分赛道，然后选择集中公司全部的资源和火力，迅速打知名度破圈，在细分品类中建立起了绝对的领导地位。

当在消费者心中建立了认知，提起"0糖0脂0卡"大家就想起元气森林；提起奶酪棒大家就想起妙可蓝多。这样的品牌形成了虹吸效应，真正建立了品牌的护城河，公司就可以非常稳定、持续地发展，品牌是最持续的流量。

吴晓波：怎么甄别一个真实的、潜在的品类赛道？

江南春：其实挺难判断的。我认为有两个判断方法：第一个判断方法是看看这个品类当中有没有一个做大的。比如在乳酸菌这个细分品类中，有个对标公司是养乐多。养乐多已经做到了五六十亿元规模，所以我们觉得这个赛道很有潜力。第二个是判断伪需求和真需求。元气森林当时做了100多种产品，把这些产品在网上通过精准分发，先做小规模测试。最后只有4个产品卖得动，卖不动的就迅速淘汰。

吴晓波：刚才你其实给创业者两个启发点。比如做男装，可以去研究在全球的男装市场里，哪种流行风格或者品类现在在成长，做国际市场的对标研究。此外，要敢于试错。那假如我也在做羽绒服，但是这个行业里已经有一个波司登了，该怎么办？

江南春：中国市场足够大，有很多可以创新的地方。要么细分一个人群，要么细分一个场景，要么细分一种功能。商业的战略定位主要是4种："老大"通常是封杀品类，品牌等于品类，比如购物"上天猫就购了"；"老二"则是进攻"老大"，突出自己的特性，"多、快、好、省上京东"，核心是送货快；"老三"垂直聚焦，唯品会"专门做特卖的网站"，聚焦一个细分领域；再后来者开创新品类，在无人地带降落，拼多多"拼得多，省得多"，开创了社交拼团模式。

吴晓波：给所有创业者一个建议，就是你的行业里面出现像山一样的竞争对手，对你来讲可能也是一件很幸运的事情。你有两个选择：第一是离开这个行业，第二是死磕，在巨人的身影之下去寻找生存的可能性。通过差异化的竞争、专业化的战略寻找自己发展的可能性。我觉得商业就是一个智力的极致拼搏，是智力的游戏，这也是商业性感和让人激动的地方。

回归营销本质，把握增长关键[1]

什么是好的营销

菲利普·科特勒：营销是企业针对目标市场创造、沟通和传递价值以获取利润的能力。通常情况下，我将这种能力简称为 CC、DV、TP，即创造沟通（create communicate），向目标市场传递价值（deliver value），并获得利润（to a target market at a profit）。顺便提一下，营销会涉及很多组织，但这些组织并不是为了赢利而建立的。

1　本文摘自 2022 年 9 月 22 日 "重构经营：营销、增长与韧性——菲利普·科特勒 2022 全新版《营销管理》中国首秀" 中菲利普·科特勒与江南春的对谈。

事实上，被营销的东西不一定非得是一个具体的产品，它可能是一个地方。如果你希望营销发挥作用，就得想好目标受众是谁，你是否满足了他们一个真正的需求，是否建立了声誉和品牌？你与其他在寻找相同客户的人有什么区别？如果你还没有问这些问题，那你所做的不过就是销售而已，肯定会失败。

管理学和营销学教父级的人物彼得·德鲁克说过，营销的目的是让销售变得多余。所以，营销不能当作销售来做，它比销售复杂得多。如果你做最具创新性的营销，那么销售不是必要的，唯一必要的只有接收订单。

举个例子，你做出一款神奇的汽车，知道人们会排着队去购买，例如人们排队去买特斯拉。在这种情况下，因为营销工作非常到位，产品背后的理念已经被人们广泛接受，所以你只需要接收订单就好了，这就是新的营销，也就是 MHM。

另外，成功的公司有很多特点。首先它们都非常出色，在深入了解目标消费者方面做了大量工作。它们不会把所有的人都作为自己的消费者，而是清楚地知道自己想要哪类消费者。并且，这类公司也非常了解自己能满足什么样的消费者。

如果你想让一个产品满足各种完全不同的需求，那么你终将会失败。想要成功，你要能找到需求相似的群体。他们往往也在寻找一个优秀，而且是在价格上优秀的供应商。

因此，你必须记住接下来的事情，随着时间的推移，你需要不断更新你的产品，也要更新你的产品价格，同时还得能开发一些新的分销渠道，如果你做自动售货机或者是食品生产商，那么加油站就是一个渠道。加油的时候，大家往往也会买一些牛奶、冰激凌之类的东西，这就是我们说的渠道更新。

我想说的是，最好的策略是：永远不要想当然地认为客户会永远保持忠诚。你需要去找到我们所说的客户终身价值。

为了实现这个目标，你要不断更新产品、价格、位置，不断促销。请记住，你不可能总是保持着胜利者的姿态，总有一群人想把你挤出去。他们想把市场搅乱，其定价也可能比你的定价高。

谁说一杯咖啡的价格必须不到 1 美元？星巴克认为一杯咖啡至少需要 4 美元。在星巴克门店，他们向顾客提供一种感觉和咖啡体验，顾客可以在这儿坐下来和朋友聊聊天，门店被打造成另一个家。

所以，聪明的营销人员总是在建立和加强效益的集合。这组收益不应该是一成不变的，而应该流动和不断增长。消费者会说："他们不断推出新的东西，让我觉得很新鲜！"他们从不会对新事物感到厌烦。

如果你发觉自己的产品开始让消费者觉得厌烦，那它就过时了。这时，你要么把这个产品或服务卖给之前不知道它的人，要么就重建品牌。记住，重建和回收都很重要。

江南春：《营销管理》（第 16 版）这本书把"营销"分成两个部分：营和销。这些年最大的变化是互联网崛起。互联网是一个沟通渠道。那互联网是不是把品牌的沟通效率变得很高呢？其实正好相反。一个碎片化的互联网，让沟通变得更加难以捉摸。

曹虎先生写过一篇文章，说"种草"时代结束了，要种树。为什么呢？大家开始"种草"的时候觉得非常好，我可以通过"种草"来赢得消费者心智。后来大家都去"种草"了，现在是在草原上"种草"，种完草之后老找不到自己的草在哪儿。

而且这是个杂草丛生的年代，最后你在写自己的产品有多好的时候，别人正在毁你，他们在通过很多评测拉升自己的同时，压低竞争对手。所以，你可以发觉互联网的信息更加繁杂，看完之后更加没有头绪。所以，我认为它不是一个高效率的传播通道。

当然，互联网是个有效的渠道，比如说它是 D2C [1]，让品牌跟消费者之间的连接更加紧密。再比如说直播，你甚至可以用更生动的方法直接面对消费者进行销售，用更短的路径、更高效的销售方法来达成对用户的影响。

但是我觉得互联网这个渠道对品牌的营造本身是不充分的，它更多的是在做"买它、买它、买它，更低价买它"。而实际上营销的"营"是什么？是"爱它、爱它、爱它，为什么爱它"。营销如果只讲"销"，价格会越出越低，流量成本会越来越高，最后有利可图的生意会越来越无利可图。

1　Direct-to-Consumer，普通用户针对所用产品体验心得自主进行推荐分享，主要借助互联网进行互动推荐活动，并且通过推荐获得积分、消费券或者现金的一种新型的电子商务模式。

营和销是分不开的，我们要在销售通路上比较效率，想办法提升转化率，比如直播渠道就比图文的效率更高。但是，我们也发现，无论在什么渠道，不管是谁来直播，强品牌的转化率会更高。我觉得这不矛盾，一个企业既要不断地强化品牌，拉升品牌的势能，也要通过直播这种更高效的渠道收割流量，这是硬币的两个方面。

我曾在国家广告研究院建立过一个项目，把分众传媒的 100 个案例输进去分析，发现互联网也承担了渠道的作用。如果纯互联网的公司把 70% 的资源花在流量上，30% 的资源花在品牌广告上，那么这 30% 的品牌广告会带来 10%~30% 的直接主动搜索的增加，这又会带来 20%~60% 的转化率的上升。同时，这也会给公司带来更多的合作伙伴、直播渠道等合作。

毕竟，谁也不愿意去卖一个小透明品牌的产品，更多的情况是谁的品牌强就有更多的人愿意与其合作。最后促销就会有底线，而且品牌溢价能力会越来越强。

所以，我觉得营销的"营"是让你掌握流量和定价的主动权。

有势就有利。众所周知，有利可图的前提是品牌有势能和认知。"有势就有利"讲的是，有大势就会有大利。如果你只懂销，价格越促越低，流量成本越来越高，最终你会无利可图。

抢占顾客心智

江南春：中国人口红利结束了，流量红利也结束了，所以你可以发现中国进入了一个全面过剩的时代，70% 的行业可能都过剩了，进入了存量博弈的时代。存量博弈最大的特点是我们很习惯在中国高增长的时代长大，最后突然发觉好像卖不动了，卖不动的时候第一个条件反射是什么？就是搞促销。促销有没有效呢？有效，后来就不促不销，促了也不销，你的促销只会迎来竞争对手更大一轮促销。

后来我们就发现要搞流量了，各种各样的流量红利涌来，我们得抓住不同的流量红利。最后我们发现精准的流量就这些，很快就进入了瓶颈。在这种情况下，可以发现好像所有的路走着走着就一下子进入了瓶颈。

通过《营销管理》（第 16 版）这本书你可以发现，在中国还是要回到营销的本质。营销的本质是什么？首先是产品的创新，其次是品牌的打造。最后，企业还是要走回品牌，从量变到质变，一旦越过拐点，抢占了消费者的心智，最后就能得到消费者指名购买。

我觉得中国的商业战争经过了三个阶段：第一阶段在短缺经济的时代，谁有优质的供应源谁就会赢。第二阶段我们进入了一个渠道战争的时代，谁的渠道点多面广，渠道胜出率高谁就会赢。第三阶段是一个过剩的时代，我们突然发现真正的竞争是消费者心智的竞争，在消费者心智中必须回答一个问题：选择你而不选择别人的理由是什么？

过去 5 年，中国经历了不同的流量红利时代，但是每一次流量红利都是那么短暂，因为流量从来不是一个生意的根本。大家看过《营销管理》这本书可以发现，流量不是生意的根本，流量只是品牌赢得了人心的结果。今天我们觉得淘宝有流量，因为它是万能的淘宝，想找什么找淘宝就好了。天猫为什么有流量？品牌旗舰店都在天猫。京东为什么有流量？上午买，下午就能送到，想送货快你就找京东。所以这些平台也是赢得了人心才赢得了流量的。

为什么我们这么多品牌在流量平台上都很难赚到钱呢？真正能赚到钱的都是那些强品牌，因为强品牌自带流量的比例比较高，百分之六七十是自带流量。它打流量广告的时候，转化率比普通品牌高好几倍，因为它的品牌知名度、认知度高。另外是品牌的溢价能力高，品牌势能强，促销才有利润赚，而其他品牌可能再往下促，已经没有利润可言了。

凯度做了一个研究，在全球真正赚钱的公司当中，大部分品牌 70% 的生意来自品牌的指名购买，30% 的生意来自短期的促销和流量转化。所以，品牌很重要的第一个问题叫破圈，引爆破圈之后，让更多人知道你、认识你，才带来短期销量突破。第二是防卷，如何防止内卷呢？很重要的一点是你有没有品牌资产的护城河。如何打造这些资产的护城河？关键在于你在消费者心智中如何形成固化的认知，如何等于一个品类或者等于一个特性。

中国的消费品真正成功的路径是什么？第一，大家可以反复看《营销管理》，思考如何开创差异化的价值。第二，在通过创新开创差异化价值之后，要抓住领先的时间窗口，在这个时间窗口采取饱和式攻击，抢占消费者心智，拥有这种心智产权。

我觉得企业有两个很重要的产权：一是不可逆的知识产权，像高通、华为、英特尔这些公司都拥有不可逆的知识产权。但在消费品市场，很难拥有不可逆的知识产权，所以你最终要拥有"心智产权"。心智产权就是在消费者心智中等于一个品类，等于一个特性。我们这几年搞流量、搞算法，比较喜欢说"货找人"，"货找人"是精准分发，当然非常重要。但实际上真正强大的品牌是"人找货"，你想起这个类别就能想起某个品牌。那才是真正的品牌，它将成为标准，成为常识，成为消费者不假思索的选择。

是非即成败，莫以短期得失做判断[1]

如何摆脱流量依赖的增长困局？

张颖：很多新消费公司都关心的一个问题就是品牌现在面对着买流量就增长，不买就不增长的困局，增长质量不高。怎样才可以突破这种流量困局？

江南春：现在面临两个现状，第一是中国商场进入了存量博弈的时代，这个时代的特点就是量价齐杀，也就是我们说的"内卷"。这已经成为一种常态，而且这种特点和企业的业务是面向

1　本文根据张颖和江南春在经纬亿万创业营的对话分享改编。

企业还是面向个人没有太多关系。

第二是因为所有人都在做促销，所以企业的效益会下降，慢慢变成不促不销，促了也不销。最后不仅销量没有上升，流量还越变越贵，越增长越亏损。

找增量和靠流量两条路都走不通，是因为都不是消费品增长的本质。

消费品增长的本质是消费者的指名购买，消费者需要一个选择你而不选择别人的理由。如果没有做到指名购买，那么陷入价格战、促销战、流量战只是时间问题。这些促销手段也许能帮你完成下个月的销售任务，但不能帮你打赢品牌竞争。随着流量涨价，最后利润都会消耗殆尽。

新消费的路径在于8个字：深度分销、抢占心智。反馈在指标上就是渠道渗透率和心智渗透率。爆品的诞生是基于它开创的差异化价值，在一个时间窗口内展开饱和攻击，将一种特性与品牌自身强相关，即一个品牌等于一种特性，这样才能在消费者心中固化品牌认知，形成品牌护城河，也在一定程度上拥有了建立溢价和拒绝"内卷"的权力。

张颖：怎样让客户去选择你，这是一个核心问题。很多同行和朋友也问我，为什么花这么多时间在亿万创业营，在经纬中国的公众号、视频号上。这件事的意义在于，我想让创业者群体知道，我们做每件事情都比别人更用心。最终在融资的时候，创业者也会愿意主动地跟我们经纬中国聊聊，进而提升选择经纬中国的概率。

所以品牌这件事对任何公司都非常重要，对于 to B 和科技类公司也是一样。客户为什么选择你，这是一个非常系统性的、需要前置思考的问题。如果能提前很早去策划，从创始人的角度去推进、迭代，提供好的产品与服务，就能把品牌的效应放大。

你见过各行各业优秀的创始人，他们和你聊广告、营销策略、业务折扣。那在这些公司的品牌建设过程中，你发现了哪些常见的误区和错误？

江南春：有几种常见的误区。

第一个误区是 ROI 导向。算不出来 ROI 的就不投，或者做完要立刻看到 ROI。这里的误区在于，能算出 ROI 的平台都早已把利润空间算死了，越投可能越亏。品牌是"道"，流量是"术"，流量不能打造品牌。流量解决的问题是"买它、买它、买它"，即优惠和购买，品牌解决的问题是"爱它、爱它、爱它"，即复购。没解决品牌问题就一直投放流量广告，很可能会导致对促销平台的依赖，最后出现利润倒挂。

第二个误区是产品的体验和感知会影响消费者心智。恰恰相反，消费者心智的认知会影响对产品的体验和感知。以元气森林为例，它在"0 糖 0 脂 0 卡"这个概念上做饱和宣传，在市场空白期打造了差异化价值，实现并且巩固了这个概念与品牌的强联系。最后提起这个概念，消费者想到的第一个品牌就是元气森林。这个心智和认知会加强消费者在消费过程中的体验和感知。

第三个误区是品牌广告见效慢。出现这个误区的原因在于品牌的广告没有给出客户选择你而不选择别人的理由。举一些大家耳熟能详的例子。行业内"老大"通常是封杀品类，例如"上天猫就购了"，买东西不用去别的地方；"老二"的特点叫占据特性，例如"多快好省上京东"，上午买下午就能收到货；"老三"做垂直聚焦，例如"一个专门做特卖的网站唯品会"；"老四"开创新品类，例如"拼多多，拼得多，省得多"，专注做社交拼团。

所以你可以发现："老大"打的是防御战，守住自己的山头，看住自己的行业地位；"老二"打的是进攻战，进攻"老大"的山头；"老三"打的叫游击战，守住自己守得住的小山头；"老四"打的叫侧翼战，在无人地带降落，开创自己的新品类。中国的商业战争几乎都有这四个特点，在行业内找到自己的位置，就能找到打中消费者心智的那个点。

张颖：这几点思考不仅适用于 to C 公司，也适用于 to B 和科技类公司。因为每个公司都要有一个用户选择你而不选择别人的理由，不管你强调的是技术指标的先进性、兼容能力的易用性，还是辅助客户成功的服务能力，这些特质都应该在你的品牌思考和布局当中被系统地体现，用长期、持续、用心的投入去打造和树立品牌。最终，这些投入都会体现在你的品牌势能上。一旦这种势能起来了，很多问题都会迎刃而解，也会有合作主动找你，进而反哺品牌声量，越做越大。

to B 公司如何找到自身的品牌差异点？

江南春：无论 to B、to C 还是现在的硬科技类创业公司，其实都可以运用品牌打造的三段论。第一，清楚自己的产品优势点；第二，厘清自己和竞争对手的主要差异点；第三，弄清楚消费者的痛点，三点必须合一。

找到这些点之后，如何验证它们？有三个评价标准：顾客认，销售用，对手恨。以王老吉为例，"怕上火喝王老吉"这一句广告语，顾客认，销售用。那么对于竞争对手来说，这条路的点已经被说尽了，很难再做了。这是"三点合一"非常好的例子。

而这其中比较难说清楚的就是差异点。很多时候，你所描述的差异其实没有那么大。这里以当时我做的沃尔沃的案例，讲一下寻找差异点的方法。

汽车是一种大件消费品，消费决策复杂，和 to B 销售有相似之处。当时沃尔沃品牌最大的挑战是，大家觉得沃尔沃是二线车。虽然沃尔沃主打安全，但客户认为加一点钱就可以买到一样安全的 BBA [1] 的汽车，所以销售遇到了困难。

想解决问题，要先把问题弄清楚。首先，如何说出沃尔沃安全上的独特之处，和 BBA 的区别在哪里？其次，消费者目前买

1　BBA 指奔驰、宝马、奥迪三个汽车品牌。——编者注

车重视豪华胜过安全，怎样改变这一认知？如果能让 10% 的消费者认为安全比豪华更重要，这 10% 的生意就拿下了。

第一，"逼死"老板，只说一句推荐语。老板通常介绍公司都是三大优势、七大卖点，点太多了，消费者记不住。如果只说一句选择沃尔沃的理由，老板会说什么？

第二，寻找 10 个销售冠军访谈。能成为销售冠军，一定是因为说对了什么。我当时就不断去咨询沃尔沃的销售冠军，他们最后反馈出的一个答案让我很触动，那就是"沃尔沃最便宜的 20 万元的车型 S40 和最高级的 70 万元的车型 XC90 在安全配置上一模一样。可能在其他品牌看来安全是一种标准，在沃尔沃看来，安全是一种信仰和价值观"。

第三，访谈忠诚顾客，看他们在向外推荐的时候会说什么。在大量接触这些忠诚客户后，你会发现推动他们的都是对家人安全的担忧和焦虑。到此，这个点也就基本被找到了。

张颖：这些差异点不仅是你们的优势点，也是你们和对手竞争的优势战场。其实大家如果去观察，就会发现经纬中国的很多做法也是如此，经常会把竞争对手拉到我们擅长的领域里面。他们也会想做我们在做的一些事情，也会去搭团队、花时间，并且期待达到同样的效果，但往往效果一般，然后焦虑、疲惫不堪。同时，创始人们自身也会有体感、有比较，这种体验上的差异反而会进一步放大我们和别人的不一样。

我觉得每一家公司都可以按刚才讲的三点去提炼，真正找出定位上的差异化，这是非常有意义的。一直以来，经纬中国在品牌上怎么打，怎么去发挥长处，怎么去以点带面，我们投资团队的同事们虽然都不知道，但知道手上拿的名片含金量越来越高。他们去见创业者，哪怕节奏慢了一点，别人也肯见，肯花很多时间去聊。这就是因为我们花了很多的精力和时间，非常有逻辑地在建立自己的品牌和传播。

当前经纬中国的品牌能得到一定的认可，不是因为我们是十几年的老牌机构，而是因为我们从第一天就开始思考，不断地积累。经纬中国最近一直在讲"投资生态化、投后场景化、品牌战略化"，这最后一句和每个创始人都有关系，怎样把品牌提升到战略的高度，作为创始人需要不停地想这件事情。这件事要在公司运营、产品开发、提供服务的每一个环节贯彻下去。

创始人如何打造个人品牌？

江南春：一家公司的产品数据、市场份额、营收规模等只能代表企业的硬实力，但它不是有血有肉的。很大程度上，创始人就是一个公司的化身，是很重要的代言人。很多时候只有创始人才能表达出这个公司真正的价值观、企业精神和文化。特别是在to B 和技术导向的行业里，如果企业创始人能打造出个人品牌，成为行业专家，那么在对外交流上就更容易建立信任。

张颖：打造个人品牌要成为行业专家，这点非常重要。首先，你要对所做事情的本质非常了解。其次，你能用最简单的言语直接把本质提炼出来并输出给对方。你对别人说的话、提出的建议、给出的见解经过时间积累，别人如果判断是有价值的、受用的，那你的个人品牌就会在他们的反馈中被不断加强。

江南春：创始人打造个人品牌的时候，输出的一部分是企业的硬实力，一部分是企业的文化、价值观等软实力，还有很重要的一部分就是给客户带来作为创始人基于行业的洞察、对于行业趋势的判断。你不仅在卖公司的产品，还在通过你的输出给客户提供解决方案。

对于 to B 和科技类企业的创始人，个人品牌的打造就更重要了。如果你在技术圈里很擅长阐释自己的价值和理念，能把技术的东西讲得通俗易懂，这对于个人品牌打造是非常有利的。要善于利用论坛、展会、搜索这些精准化的品牌宣传渠道。同时，如果在行业期刊、论坛上发表过很多有效的文章，也会进一步奠定你在行业的专业地位。这些都是创业起步阶段就可以做的事情。别人记住了你的名字之后，你就是这个公司的最大代言人。

进一步看，如果能保持自己强大的曝光度，深刻策划公开内容以保持结构性理论的高度，总结别人给不出的经验，形成和行业反共识的、振聋发聩的观点，也会不断加深别人对你的印象，对你产生专业性的信任。

张颖：所以我真觉得在 to B、科技、医疗等行业的公司，创始人非常有必要打造个人品牌。现在我们考虑更多的可能是深度而不是广度，你不需要让社会上所有人都知道你，但是你需要在这个行业里找到一个差异化的、能坚持做的风格和方式，增强自身的品牌属性。它能成为业务的延展，让你的招聘、融资等所有事情都获得效益。这是一个漫长的系统性工程，不仅要自己努力，还要厚着脸皮不断创造机会。

如何搭建高效率的销售团队？

张颖：除了个人品牌打造，在 to B 等行业里面，销售团队搭建和管理也是一个关键问题。销售团队里面良性的、恶性的竞争可能都会有。分众是个很典型的 to B 公司，在这一点上是怎么做的，有什么经验可以分享给大家？

江南春：to B 公司销售最常见的方法是什么？在北京大区找个总经理，然后去搭建下面的团队；每个分公司设一个总经理，然后他再去招人。这样做的一个问题是，一个团队的领导会找比他更强的人做下属吗？不可能找到的。这样的人担任总经理，和他同样水平的人就不会来，因为其他人会不甘居于其下。最后就会一个 90 分的人，后面跟一堆 80 分的人，再跟 70 分的人。层次越多，死得越快。我的基本思路是扁平化。北京大区有十个团队直接向我汇报，没有一个总经理。直到今天，北京、上海、广州、深圳少则三四组，多则十组团队平行向我汇报。这样横向容纳的方案对我来说工作量很大，也非常累，因为有七八十个人直接向我汇报。我为什么要这样做？

一方面，这样我能对前线更了解。其实在我的客户里，宗庆后（娃哈哈集团董事长）、钟睒睒（农夫山泉董事长）都是这样做的，不用听层层转达、级级总结的内容，就能对前线的情况了如指掌。那么对比那些汇报流程长的对手，我前端的决策链条更短，决策速度更快。

另一方面，也能容纳更多优秀的人在一个城市打仗，能吸引 10 个 90 分的人。组织内部要有很强的紧迫感、饥饿感。他们如果在内部的竞争血战中能成为胜者，那么出去和竞争对手打会非常轻松，别人很难有机会赢。这是分众销售团队的经验，不要怕内部竞争。2021 年分众一年卖 150 亿元的广告，1000 名销售人员就可以完成，人均可以完成 1500 万元的销售，人效非常高。这是我的销售团队管理三段论，第一个是内部竞争，第二个是人海战术，第三个是不要有地区领导。一个地区内人多肯定是有用的，每个人的领地小了，打着打着也就会往外打了，还能产生溢出效应，为了生存空间不断竞争。

张颖：对创业公司来说，如果想保持竞争力，那团队内部的良性竞争就是非常有必要的。同时，这种竞争会自然而然地筛掉一些抗压能力很差的人。我们想要赢，不停地想要赢。营造这样的环境，然后有渴望、有能力的那些人慢慢就能站出来。组织不停迭代，就会充满了活力。

市场波动中如何保持心态稳定，正确地做事？

张颖：从成立到今天，分众几乎经历过一个创业公司的各种状态和阶段，在美股上市、退市，在 A 股上市，起起伏伏。在这起伏之间，你心态的真实转变、是非认知的迭代，以及对正确地做事的判断和坚持是怎样的呢？

江南春：我们 2003 年创业，所有的成功首先归因于发现了一个好的商业模式。我当时觉得电梯是一个城市的基础设施，会越来越多，这个生意会越做越大。其次，虽然没有人愿意看广告，但等电梯、乘电梯是一个消费者每天会经历又会看广告的极少数场景。

很感谢当时张颖和其他几家公司、投资人对我们的认可，在我们的钱很快烧完了之后选择投资和帮助我们，在我们没有太多收入的情况下就看见了我们的价值，肯定了我们的努力。后面非常快，分众只用了两年零七个月就上市了。如果当时没人投资我们，一个好的商业模式就死掉了。

上市后融了几亿美元，这时行业里还有好几个竞争对手。我和公司最重要的三位董事张颖、沈南鹏、曹国伟讨论后决定开展并购，这一决策也让分众在行业内取得了主导地位。

张颖：您当初没有任何关于资本市场的经验，但是有三个特点。第一就是想清楚要更大的蛋糕之后，就坚决 all-in（投入全部）。第二是不介意股份少了，因为您判断蛋糕够大，能够补回来，能算得清这个账。第三是相信和专业人士的沟通交流，并且在想清楚了之后马上行动。

对自己的公司足够清楚，对自己能做的事足够清楚，再加上超强的执行力，那就能取得让别人惊艳的成绩。举个例子，分众在 Pre-IPO（在企业即将上市前）轮融资的时候，一家投资机构让您签一个对赌协议。最后从历史数据来看，您的企业是众多创业公司中极少的达到且超越了对赌金额的企业，而且是利润金额的对赌。不用说当时，哪怕现在 100 家创业公司和别人赌财务预测，年底能做到百分之百达成的，10 家都没有，超出 20%、30% 的就更是少见了。但当时您就做到了，这让我目瞪口呆。

江南春：我也说一下上市后我犯过的错误吧，当时并购成功带来了股价的上涨，但也给我带来一个不好的认知，就是并购带来的估值上涨比做业务来得快，那就多做并购吧。

你一度会发现中国最大的互联网广告公司是分众，最大的手机广告公司是分众，最大的数字化户外广告公司也是分众，我们成为中国最大的数字化媒体集团。我出去讲出了全新的故事，我们的市盈率从 25 倍涨到了 40 倍，我们的 EPS（每股收益）大幅增加，越做越高。2007 年，公司市值从 20 亿~30 亿美元一路上冲到了 86 亿美元。

然而，所有的噩梦都来自内心一些不良的想法。就在 2008 年一年之内，我们经历了汶川地震、金融危机等等，我们的市值从 86 亿美元一路跌到了 6 亿美元左右。

不管别人怎么解读，我认为所有这些结果都源自我们的初心出了问题。原来我们每天都在研究业务怎么做，如何让客户的广告效果更好，如何让这个事业更好。但当想法变成了怎么拉高股价，怎么出货减持，让自己拥有更加松散的人生，我觉得最后的结果是不会好的。这就是一个因果关系、一个教训。

经历过如此大的起伏波折之后，我的心态反而很平静了，无论市场好坏都不太焦虑。因为我发现一个道理：是非即成败，做"是"的事情就是"成"，做"非"的事情就是"败"，它的道理是那么简单。为什么我们会有焦虑？因为中间还有两个字叫"得失"，做"是"的事情不见得立刻就能"得"，做"非"的事情不见得就一定能"失"，往往短期是相反的。但如果你的心错了，最后赚的钱也是不会跟你走的。

我现在为什么笃定了？因为不受短期得失的影响。如果你能不以短期得失，而以是非来判断所有的事情，那你的决策就变得非常简单。

做品牌也是这个道理。你持续做品牌、重复做、反复做，把资源投在核心价值上，投在能长期建立的核心竞争力上面，累积到最后和投资一样，它最终也会是时间的复利。

太极藿香正气口服液的增长逻辑

品牌成长至成熟阶段，代表着已进入相对稳定的发展轨道；但另一方面，也意味着品牌生命周期逐渐走入防御阶段，想要继续保持高速增长，唯有再度破圈，才有机会找到更为巨大的增量空间。

面临这一问题考验的太极藿香正气口服液，正是从原有较单一的生活场景转而面向全新的多生活场景聚焦开拓，将受众范围拓展至更为广泛的年轻化群体，从而突破固有局面，开启了品牌的新一轮快速增长。

谋求破圈的黄金单品

太极藿香正气口服液作为家喻户晓的明星产品，历经 30 余年市场考验，具有不含酒精、口感好、见效快等差异化优势，是藿香正气品类中的佼佼者。2021 年，太极藿香正气口服液营业收入达 9.2 亿元，并占据市场的主要份额。在多个荣誉加身及权威背书之下，太极藿香正气口服液坐稳黄金大单品位子。

进入 2022 年，太极集团乘胜追击，大力进军广东、两湖、江苏、山东等地，希望打破藿香正气口服液目前近一半销售额来自川渝地区的格局。2022 年前三季度的营业收入为 14.2 亿元，同比增长 63%，并冲击营收复合年化增长率 30% 以上，到 2025 年销售规模提升至 35 亿元的中长期目标。

然而，太极藿香正气口服液已成为毋庸置疑的品类领导者，如何突破现有局面，寻得新的增量空间？

长期以来，作为中成药的太极藿香正气口服液的主力消费群体集中在中老年人群。因此，将受众拓展至更为广泛的年轻群体，打开年轻消费者市场，成为突破增长瓶颈的关键所在。

基于此，太极藿香正气口服液于 2022 年启动品牌升级工程，聚焦新场景开拓，以解锁年轻化营销密码，实现品类破圈增长。

开拓场景，拥抱年轻人群

如何使当代年轻消费者对传统的藿香正气品类产品产生更为清晰的认知，从而唤醒消费需求？

太极集团首先对产品进行了重新定位，将原全国市场主要诉求"防暑解暑药"和川渝市场"肠胃不适药"扩大定义为市场容量更大的"祛暑祛湿药"，同时在场景中增加"年轻人元素"，拥抱更多的年轻消费群体，提出"祛暑祛湿来一瓶"的品牌口号。

然而，"祛暑祛湿"依然是一个抽象而宽泛的概念，不容易直接触动目标消费者，需要更为具体和形象的场景来进行阐述勾画，从而让消费者建立起更为直观的认知和消费冲动。基于对年轻消费者的行为研究和生活场景分析，太极藿香正气口服液决定聚焦最经典的三大场景——高温环境、酷暑贪凉、辛辣冰饮。

在夏季高温炎热环境中工作容易引发中暑症状，尤其在2022年夏季，各地普遍高温的背景下，这一场景更能够对年轻消费者产生直观性触动。火锅、烧烤等辛辣餐食以及大肆饮用冰镇饮品是当前年轻人频繁经历的生活场景，许多人也因此有过肠胃不适的切身经历，这一场景的洞察开拓让大量年轻消费者感同身受。而高温天长时间依赖空调，从而导致风寒感冒和空调病，引发头痛症状，在年轻人群中也是屡见不鲜。

当年轻人群通过场景演绎对产品拥有了更直接具象的了解，消费需求便被打开，产品破圈也就蓄势待发。

"祛暑祛湿来一瓶"刷屏分众

为有效触达更多年轻消费者，太极集团开始寻求更为精准高效的品牌传播渠道。分众电梯媒体是对城市主流人群具有广泛覆盖和强势触达的线下品牌建设核心阵地。基于此，2022年，太极集团携手分众传媒，通过分众电梯电视、电梯海报和智能屏开启新一轮高频次风暴式饱和传播，进一步强化品牌认知。

在投放的广告中，太极集团聚焦展现年轻人肠胃不适、暑热感冒、贪凉头痛等多发场景，化身"小卫士"的太极藿香正气口服液在朗朗上口的歌曲旋律中登场，将"祛暑祛湿，来一瓶太极藿香正气口服液"的品牌口号生动形象地传递给消费者。在广州地区的投放中，太极集团还别具匠心地制作了粤语版广告，更符合当地的语言习惯，也更契合广东人"怕湿气重"的养生习惯，让消费者感觉更为亲切，品牌宣传更为有效。

经过多方面的举措，配合此轮分众饱和式广告投放，太极藿香正气口服液关注度大幅提升，尤其获得了大量年轻目标消费者的积极反馈。数据显示，投放过后，太极藿香正气口服液百度搜索指数同比提升达274%，环比提升超300%，微信指数同步获得显著提升。可以预见，已解锁年轻化营销密码、打开增量瓶颈的太极集团将再次进入增长快车道，迎来新一轮的品牌爆发。

泰兰尼斯：
乘 "势" 而起 取利先取势

在大健康和大消费的环境背景下，母婴市场热度持续走高，品质、品牌正成为母婴市场新的趋势和重心。

艾瑞咨询发布的《2021年中国婴童新锐品牌营销增长白皮书》显示，新生代父母更倾向于为高专业性、高品质的产品支付更高溢价。

差异化定位奠定基石

作为母婴赛道的重要组成部分，中国童鞋行业同样体现出这一特点。经过多年耕耘与积累，中国童鞋行业目前已形成世界领先的全系列、全码段、全季节、全类别、全场景局面，迎来空前发展机遇，并出现头部势力崛起等发展趋势。

然而，长久以来，中国高端童鞋市场却被国外品牌所占领。巨大的千亿元级市场，亟需能够从0至1实现突破的中国品牌脱颖而出。

针对欧美儿童的楦型不适合东方儿童脚型，不利于儿童足部发育；高端百货和购物中心所售童鞋以运动、卡通为主，缺乏时尚童鞋选择；设计的同质化不能满足儿童日常搭配需求；等等。

在市场存在这种种症结的情况下，泰兰尼斯品牌应运而生。

只有差异化定位方能乘势而起，破局而出。泰兰尼斯深谙此道，自诞生起便聚焦高端时尚舒适童鞋市场，专注为 0~16 岁儿童提供专业、高品质的各场景可搭配的全方位童鞋解决方案，构筑自身品牌的差异化价值。

经过近十年的发展积累，泰兰尼斯率先提出 6 阶童鞋标准，根据儿童不同成长阶段和客户实际需求，形成并完善产品矩阵，为品牌崛起奠定基石。

抢占心智，开启品牌元年

优秀的产品力已然具备，如何构筑品牌影响力，抢占消费者心智成为泰兰尼斯的新挑战。

2022 年，泰兰尼斯开启新一轮品牌发展战略。如何持续推进品牌建设，全面提升品牌影响力？如何把握时机，强效占领更多消费者心智，助力品牌赢得更多市场，实现势能跃升？泰兰尼斯最终选择将阵地放在最能够直接、高频触达家庭生活的电梯媒体。

分众电梯媒体作为线下引爆核心阵地，可以帮助品牌集中火力打透中国城市主流消费者的核心生活空间，具有极强的品牌扩散和渗透能力，其广泛覆盖的主流人群与泰兰尼斯的目标受众定位高度匹配。同时，这一群体具有强大的消费力和风向标价值，是消费市场的意见领袖和口碑冠军，抓住他们也就意味着抓住了持续开创新市场、新用户的机会，可以为实现更高的市场目标蓄力。

2022年8月，泰兰尼斯与分众传媒达成战略合作，向实现引爆主流市场，全面提升品牌影响力，打造中国童鞋行业领军者迈出全新一步。

霸屏传播，破局崛起

一场风暴式传播即将开启。2022年8月，泰兰尼斯以霸屏式传播同时登陆北京、上海、广州、深圳、杭州、成都、南京、武汉等全国数十座主流城市分众媒体。电梯电视实现风暴式饱和攻击，电梯电视与电商CNY品效协同，智能屏达成高频场景化营销。泰兰尼斯以此为组合，将品牌在市场成功引爆。一时间，"泰兰尼斯，高光每一步"席卷电梯间，成为同时段最具记忆度的广告语之一，在传递高端品牌形象个性的同时成功攻占消费者心智。

百度数据显示，投放分众后，泰兰尼斯的搜索指数显著提升，尤其是目标人群搜索指数明显高于全网分布。电商销量方面同样获得积极反馈，2022年9月上旬，泰兰尼斯销量同比增长141%，搜索量环比提升40%，访客数环比提升100%，客单价同比、环比均提升25%。不到1个月的时间，泰兰尼斯就通过深化消费者品牌心锚，强效提升品牌声量，实现强势出圈。

　　具有清晰差异化价值的优秀产品，重力投入精益求精的品牌建设，助力泰兰尼斯把握行业趋势，成功抢占消费者心智，坚实迈向崛起之路。而这一样本路线也为中国童鞋以及更多中国品牌抓住时代风口破局而出树立了标杆式的示范。

沸腾新 10 年，快消品不焦虑[1]

　　伴随着人口红利和流量红利的消失，中国消费品零售总额出现了拐点，生产供给能力持续攀升，中国已经进入了一个存量博弈的时代。在此背景下，2022 年疫情反复、国际环境变化、信心不振等种种因素相叠加，更加剧了市场的不确定性。与此同时，我们也看到了近年来中国消费品市场上新品牌不断崛起，老霸主通过重新定位强势回归。为什么有些企业会破局而出，实现逆势增长？它们是否有一定的可循路径？

　　江南春：宋总在中国的消费投资领域长期深耕，你认为当前中国消费品企业面临疫情反复、增长放缓、存量博弈等变局和挑

1　本文根据江南春与东鹏饮料集团董事长林木勤、加华资本董事长宋向前的对谈改编，原发于投中网。

战，应该怎样去应对？

宋向前：加华资本对中国消费品进行投资已经 16 年了，对中国消费品现在的市场环境确实有一些自己的看法，尤其现在面对供给侧冲击、需求萎缩、预期转弱等影响，中国的消费品行业确实面临着很多变化，我首先从供给和需求两侧来分析。

从供给侧来看，第一是市场经济发展到一定程度，尤其中国经过 40 年改革开放，特别是 2001 年加入 WTO 之后，基本上所有的制造行业，包括消费品和快消品行业，随着市场经济发展，资源配置更加高效，但都面临着供给过剩的情况。

第二是生产要素。我们知道在收入产出的模型中，生产要素的配给是提高劳动生产率、提高增长潜力和潜在增长能力非常重要的投入方式。中国过去 40 年改革开放，我们的土地、劳动力、资金、技术包括制度环境，这些生产要素市场化改革的步伐在逐步推进，这些生产要素投放越来越市场化。未来会倒逼企业生产端的成本要素，推动 PPI（生产价格指数）的上升，对企业的供应成本是形成比较大的上升压力的。

第三，供给侧也面临着一些长期的、结构性的、慢变量的影响，比如人口结构。第七次人口普查结果显示，2022 年，14.11 亿人口是达峰了。我是 70 后，我们这代人出生的时候大概有 2700 万个新生儿，2021 年的新生人口是 1000 万。新增人口断崖式下降对我们以后的劳动力供给、人口结构，包括消费人群有效需求，都会产生结构性的长期影响。我们今天的品牌企业和各个参与方还没有清楚地认识到，这个结构变化影响非常深远。

从需求侧来看，首先，我们怎样创造有效需求就变得非常关键。怎样管理需求，怎样能够创造有效的需求，恐怕还要从有效性上动脑筋。何为有效？我个人的理解是一定要改善中低收入人群的收入水平，要创造购买力，使我们在从生产型大国向消费型国家转型的过程中，人均收入水平能够稳步提升。这样才有可能实现需求的有效性，保持需求推动供给、消化产能，使得人畅其流、货畅其流。

其次，是如何理解消费市场发生的变化。我做了16年消费投资行业，醉心于消费经济的研究。我发现了一个很奇怪的问题：中国的消费市场发生了很多深刻的变化，但是今天的品牌、市场和入局者置身事内却浑然不知。比如过去是厂商时代，以娃哈哈为代表的传统制造品牌建渠道、做深度分销、做通路，然后把产品卖到消费者手上，是从生产方到消费者的一个纵向横推的过程。这是短缺经济时代的基本特征。

而今天是供给大于需求的时代，厂商和消费者权利发生了反转，消费者主权崛起。由于互联网、基础设施的变化，我们的效率更高了。由于人口减少，人均收入水平改善比较缓慢，我们很容易就会滑向低欲望时代。很多品牌其实没有观察到这样的消费结构、消费人群、消费行为以及消费心理的变化。

再次，如何理解基础设施变革所带来的机遇和挑战？东鹏能成为一个千亿元市值的公司，不单是卖货、有很好的增长。更重要的是，它是中国传统快消品公司中第一个完成数字化转型的，进行了以动销来拉动分销体系的创新。

电子支付系统、冷链物流、供应链改革、社交电商、移动互联网这些机制给了我们非常多的机遇、工具、武器，让我们能够更好地连接消费者，能够更好地赋能消费人群，赋能终端。谁能把握这个趋势，深度理解并加以应用，谁就能取得市场先机。这里面既有机遇也有挑战，东鹏就是这方面的创新者。

今天，多重因素叠加确实打击了市场信心，消费热情受到一定抑制，预防性的储蓄变得很高。而我们毕竟是拥有 14 亿人的消费市场，是一个圈层经济足够发达的国家。我们的供应链要能够对消费升级、下沉以及不同的消费力做深度的分层研究，满足不同消费购买力人群，向他们提供不同产品。未来，只有这样的公司才能迎接市场变局分化带来的挑战，才能成为真正的王者。

我个人还是相信这句话：中国第一就是世界第一。未来的二三十年是中国消费和服务行业崛起的超级年代，也是中国品牌崛起的黄金时代。

我个人觉得江总是超级劳动模范，每年和这么多大大小小、各行各业的企业家进行交流，对于现在消费品行业的生存环境、品牌传播环境，有什么样的看法？您觉得有哪些变化？

江南春：您是经济学家，对宏观经济有非常深入的洞见。我相对来说看法就比较微观一点。2022 年第二季度我在上海每天要开四五个视频会议，之后出去见了很多企业家。大家给我的体会是，各地疫情反复，物流成本大幅上升，大家的消费信心在下降，创业投资的意愿也在下降。很多人问我，这么多负面因素叠加会不会成为常态？

关于这些压力，我体会最深刻的是企业家们讲的三点。

首先，因为疫情的影响，线下渠道人流骤降。其次，这导致经销商和终端店现金流非常紧张，窜货乱价的情况不断发生。东鹏因为数字化的管理，整个管控还是非常有效的。但绝大多数公司没有这种管理，大家都乱了，破价对企业是非常危险的行为。再次，传统电商的流量红利消失了，没有什么增长空间。兴趣电商流量很大，但是大家都反映挣不了钱，ROI 都投不过来。好像有流量的地方赚不到钱，其他地方的流量不涨，线下业务又断崖式下滑。

所以，大家反复问渠道增长的机会在哪里，既要去研究社区团购，又要去研究有没有新业态、新渠道能帮助增长。很多企业家、CEO 或者首席增长官都在讨论的问题是：增长的方向到底在哪里？觉得自己很勤奋，学习了那么多的新理念、新技术、新算法，但是似乎学会了之后，离赢利却越来越远了，这是大家的焦虑所在。

另外一点体会是，我觉得在各种压力之下大家的动作开始变形。因为到处在烧火，都在救火，大家变得很忙，但是忙得动作变形了，忙碌之后反而更焦虑，这是一个反向的叠加。

我之前和很多企业家做了一次交流，我说疫情之下大家应该拨开表层，看看这项挑战的本质是什么。为什么像东鹏这样优秀的公司活得很好呢？即使是疫情之下，它表现得也非常好。我认为很多时候企业家要先问自己：这个危机对我来说是不是被放大了？是不是我的产品陷入了同质化危机？是不是因为我过度依赖流量而形成的危机？疫情的反复只是把我们原有的危机放大了。我们真的是缺渠道、缺流量吗？如果消费者真的想买我的产品，指名购买，他们会找不到吗？

而企业在干什么？做了那么多的短视频，找了无数个兴趣卖点，短视频都做绝了。几千条短视频，生存周期两小时，做得好生存周期也就一天。做了那么多努力之后，到底想告诉消费者什么呢？"累了困了喝东鹏特饮"这个核心卖点是很清晰的，消费者反而不知道那些做了很多卖点的产品是谁，不知道它们想说什么。

疫情之下，所有人都面临不同的挑战。我做了很多访谈，像林总这种很笃定的企业家到底是因为什么而笃定的呢？我自己的感受是，他们并没有比以前做得更多，反而更聚焦了：聚焦产品创新，聚焦内部数字化效率的提升，聚焦消费者心智，我觉得这是他们三个很重要的聚焦。

德鲁克先生讲，企业其实只有两个功能。第一是创新，创造差异化的产品和服务。第二是通过市场营销成为顾客心目中的首选。大家应该把注意力集中在这些核心问题上，就是我们刚才说的产品创新、内部数字化效率提升和外部消费者心智打造。我们有时候过于勤奋，做了太多不具有累积价值的事。

今天流量起来了，我们赶紧去抓流量红利；社交团购起来了，我们赶紧去做社交团购。今天研究这个算法，明天又研究下一个。你觉得循规一年的研究，越来越懂某种算法了，结果第二年算法就变了，你累吧？你算得过平台吗？其实只是在不断地跟平台、跟算法、跟不确定的市场博弈。我觉得我们应该减少一些动作，聚焦核心的问题。做确定的、可以重复的、可以被累积的事情，结硬寨、打呆仗。

我们应该跟东鹏学习的是，它的回报率等各方面增长都比很多新消费品牌要好的做法是什么。我觉得要学习三件事：第一是学习供应链的能力。掌握不了供应链，没有规模效应，你1/3的利润就没了。第二是要学习线下渠道的能力，深度分销的能力。这其实是很难的，很多人都觉得线上速度快，但线上是无限心智、无限货架，所有品牌都在一起竞争。线下是有限货架、有限心智，放在一起竞争也就几个品牌在玩，相对没那么难。第三是抢占心智，"累了困了喝东鹏特饮"在消费者心中形成了一个条件反射，消费者在累了困了之后马上就想起来。营销很多是"货找人"，精准分发，而"人找货"是你累了困了时，脑海中马上跳出来东鹏特饮，这才叫品牌。

2022年，人口增长的红利确实结束了，但我觉得也不用担心，因为人心的红利正在展开。流量红利结束了，但是品牌的红利正在展开。疫情对于很多品牌不强的公司、分销不强的公司是一个非常大的挑战，但对于像东鹏这样的强品牌其实是个大机会。

在经济低迷的时候，消费者只会把钱花在更稳妥、确定性更强、信赖感更强的品牌上。所以林总他们这时候反而在踩油门，这是和其他品牌拉开差距、扩大份额的好时机。

总结一句话，我觉得品牌是商业世界中最大的马太效应。从长期来看，每一次危机之后，品牌集中度只会向头部品牌集中。相比2020年，2022年更具挑战，原物料价格上升，消费者信心下降等。但是我们也得看到刺激经济的力度在不断加大，基建投资也在不断增加，房地产的政策在放松，平台经济会回暖，我相信这些时候危机也会转化成商机。

碰到寒冬，强品牌虽然也面临一些挑战，但依然敢于踩油门。因为寒冬中离场的中小公司有很多，参与竞争的品牌会明显减少。这时候头部品牌发力，它的相对份额只会扩大。危机和寒冬恰恰是在清扫市场，是强品牌在赛道上发力、往前冲的好时机。每一次危机都是品牌集中度上升的时候，所以我觉得强品牌需要抓住战机来发动一场场战役去夺取更大的份额。

大企业的成功靠的是什么？是企业家的雄心和定力。一个真正的好品牌，是因为持续做给品牌带来长期复利的事情。在危机时候敢于做正确的选择的公司，一定会在这次危机之后变得越来越强大。

我也问林总一个问题，外部环境的挑战当然是很大的，但是东鹏饮料近年来业绩一直非常亮眼，基本上是逆势腾飞，份额持续上升，你的驱动力来自哪些方面？

林木勤：大家都知道所有的行业增长都来源于两块：一是增量市场，二是存量市场。存量市场的蛋糕已经这么大了，要保持增长只有跟竞争对手肉搏，这种增长是比较难的。

东鹏从创立开始，我们就一直强调要增长。增长已经作为我们企业的最大战略深入到员工的骨子里。财务报表也体现了我们这几年贯彻的增长理念。2022年我们都看得到，俄乌冲突和疫情引起了原材料价格的上涨，整个市场的增速放缓，甚至不增长。但即使在这么困难的2022年，我们还是坚持要实现增长。

东鹏的增长我觉得主要来源于以下四方面：产品力、品牌力、渠道力和文化力。

第一个是产品力。大家都知道产品是最根本的，东鹏很幸运进入了能量饮料赛道，这是一个我认为比较好的赛道。这个赛道的优点在哪里？首先是它能够满足消费者未被满足的那一部分需求。当人们在做事、拼搏，甚至在经营、工作过程之中，累了困了的时候，都需要东鹏特饮这样有明确体感的产品，喝下去半个小时就管用。我从戈壁徒步回来，当天喝了两大瓶东鹏特饮。我们所有的"戈友"是左边装一瓶水，右边装一瓶东鹏特饮，因为它有明显的功效，是一个好产品。

其次，它属于高频的消费品，就是今天喝完以后，明天还需要喝，后天还在喝，所以我们觉得这是一个很好的赛道。另外，我们的主流产品 500 毫升大金瓶切入了一个比较好的主流价格带——5 元的价格带。这种大包装的产品在市场竞争之中表现出强大的生命力和市场力，其市场有可能达到百亿元规模。

再次，我们一直说做产品就像自己培养一个孩子一样，是要天天去琢磨，要做到极致的。质量是最根本的，品质要逐步提高。一瓶小小的饮料，把它做出来很容易，但把它越做越好是要花时间去沉淀的。我们通过对内容物的改良，对原材料的变革改进，对整个生产工艺的改进，能够使产品越来越好。同时，我们也在思考怎么样能够控制成本，使它在饮料产品中具有成本竞争力，要把产品做到行业第一，做到别人没办法跟你对标成本。

很多网红品牌自己研发一个产品，然后去找代工，就会遇到同质化特别严重的竞品。这项产品你能做出来，张三也能做出来，李四也做得出来。大家都能做得出来的产品不是一个好产品。要把这个产品做到极致，做到竞争对手无法超越，才是整个产品力发展的根本。

第二个是品牌力。东鹏在发展的同时也重视广告的投入。中国最近几年的文化自信、民族品牌崛起也给东鹏助力不少。

第三个是渠道力，体现在两方面。一是开拓了越来越多的网点，二是每一个单点销量的提升，给我们企业的发展带来销售上的助力。

第四个是文化力。东鹏是一个沉淀了几十年文化的企业，尤其是核心团队，稳定且特别专注，特别有奉献和拼搏精神。2020

年疫情刚开始的时候，我们就在想怎样去比竞争对手更快地复工复产，更快地深入市场。2022年在疫情严控的情况下，怎样把产品及时地送到零售终端网点，怎样去开拓更多的封闭渠道，怎样去寻找自己所在区域里面的增长点，这些都是一点一滴做出来的。

东鹏有以上的这四个"力"，再加上我后面会谈到的一些创新的数字化应用等，2022年还可以做到保持增长。

宋向前：我觉得数据比较能够代表企业的增长能力和对市场的定位，过去5年东鹏年化营收的增长率是20%。过去5年的年化净利润增长率是50%，这在中国食品饮料工业中是首屈一指的。

支持中国消费，助力民族品牌，走进人间烟火，赋能百姓生活是我们加华资本的愿望，更是林总这一代中国民族品牌创业者的骄傲。2022年一季度，东鹏的市场份额已经超过红牛，在中国功能性饮料里已经是销售总量的冠军。

只有建立在最深刻的人性洞察上的产品洞察，才能建立起真正充满人文关怀的商业模式。东鹏没有选择降价，而是上线了500毫升的加量装产品。这基于对市场的充分理解，表面看是规格品类的创新，背后是对市场、对消费者的充分尊重和洞察理解。

林总有很多新创意、新方法，表面上看是来自对市场、产品、渠道、品牌的创新，更重要的是来自抓住了人心。品牌的天花板是人心，今天人口红利不在了，人心红利才刚开始，流量红利不在了，但是品牌红利才刚刚开始。东鹏是真正为消费者创造价值，它的数字化是中国消费品公司中第一个打破商家端壁垒，深入消费端，能够建立数据资产，反向赋能给商家和回流到工厂的，就是C2M（客户到工厂）的商业模型。

中国的消费品公司大多是货品倾销型的模式，真正耕耘消费者终身价值的公司很少。东鹏将与生产经营、营销、品牌、渠道、动销相关的所有价值点全部数字化。它的系统在手机上，当天的进销存、动销、开箱、开瓶数据都能知道，这种"耳聪目明"代表着什么呢？这种创新迭代不仅仅是工具的应用，更重要的是对于企业价值链、产业互联网的深度理解，对于企业效率的极致追求。

奥地利学派经济学家熊彼特提出了创新理论，认为社会的进步主要来自企业家的创新。正是因为创新，企业家才配拥有他的社会价值和地位。如果仅仅是靠管理，那么就只是剥削劳动者而已。

东鹏确实是一个非常强大的、民族的、领先创新的消费品公司，这就是我的总结。对快消行业来讲，产品、品牌、渠道是企业发展的"铁三角"，那么对三者关系的建设和发展，东鹏有哪些经验跟大家分享？

林木勤：做快消的人都知道，产品、品牌和渠道确实是"铁三角"的关系，互相补充、互相依存。我觉得在这三个里面，产品是排在第一位的，是最基础的。

我刚才说过产品是满足消费者需求，解决消费者痛点的。产品必须要做到比竞争对手更有优势，要么有产品质量的优势，要么有成本的优势，要么有原材料供应端的优势等。有了好的产品，渠道才能够卖得长远，品牌才能够慢慢建立起来。

品牌和渠道是产品的两个翅膀，因为我们最终还是要把产品卖出去，品牌和渠道强了，这两个翅膀会振动得幅度更大、更响，产品会飞得更高。

渠道方面，大家都知道对采用快消品销售模式的公司来说，销量＝销售网点 × 单点产出。

网点是整个渠道覆盖的规模，全国能够卖饮料的网点差不多有 500 万个，那么你最多能覆盖多少网点呢？区域品牌可能覆盖几十万、100 万、200 万个网点，全国性的品牌要覆盖 350 万至 400 万个网点。品牌覆盖是消费品最基础的工作，做不到这种覆盖，你的产品销售不可能达到规模。

从单店产出看，有些店每天可以卖一箱，有些店可以卖一瓶。复购或者黏性要靠产品的质量和陈列等方面来保证。对饮料行业来说，渠道不仅是终端，还是整个系统的建立，泛指经销商、批发商、零售商、消费者，是一个闭环的系统搭建。在饮料行业里，各品牌都要搭建自身的销售体系，这是每个饮料品牌的核心竞争力之一。

那么，东鹏的渠道建设有什么领先的地方？下面，我系统介绍一下东鹏整个渠道建设的数字化。

做快消品的人都有两个想知道的问题：首先是都想知道自己的产品卖给谁了；其次是想知道 500 万个终端网点卖的情况怎么样，哪个地方卖得好，哪个地方卖得不好。这是所有快消品从业人员和领导或职业经理人想了解的。

我们从 2016 年开始就一直想做了解消费者这件事情。通过给消费者发红包的方式，目前我们已经积累了 1.4 亿个以上不重复的扫码数，这给了我们一个了解消费者的大渠道。

另外，东鹏开发了"五码合一"的技术。"五码"就是指我们瓶盖的盖内码和盖外码，外包装纸箱的盖内码和盖外码，以及我们的生产批次码。我们通过消费者的合作终端和零售商的一些促销政策，让消费者和终端的零售商来扫我们的码，之后建立起我们的消费者系统。

这个工作是从 2019 年开始的，到 2022 年是第三年。目前我们已经拥有了 250 多万个终端，每天都产生海量数据。从而我们搭建了两个系统，一个是商户会员系统，一个是鹏讯通系统。

商户会员系统是当我们有 250 多万个终端以后，能在这个系统里面掌握各个商户的活动情况。鹏讯通系统是业务员管理系统，我们把它叫作基础作业系统，通过这个系统更多地给予我们整个销售体系在五个方面的赋能。

第一个方面是消费者赋能。第二个方面就是帮助我们直接掌握当天的动销数据。以前只能看工厂的出货量，现在是通过经销商的出货量来掌握销售情况，真正掌握实时的动销量。我们现在对终端销售量的了解可以提前一个月左右。目前，我们每天早上8点就可以看到前一天晚上各个区域的销售情况，甚至各经销商、各小城市的库存情况、动销情况等等，这让我们在进行决策时占了很大先机。

第三个方面是，我们所有的营销动作都可以直截了当地反映在动销上，对及时制定和调整促销政策提供了很大帮助。

第四个方面是，我们可以更加有效地对产销供应链进行协调，保持渠道库存和工厂库存在很合理的范围之内，未来可以形成一个生产的计划系统。我一直跟我们的队伍强调，所有的数据都是自然产生，不要人为干预数据。一旦这套系统建立起来，我们整个产销的闭环就全部打通了。

第五个方面是，可以通过这个系统来激活每个一线的销售人员，我们可以通过数字化来了解他们的陈列情况、拆箱情况、客户拜访情况以及他们的动销情况等。以动销来拿提成，杜绝压货、窜货的情况。

第六个方面是存货管理。我们即使只拿到一个产品，扫一个瓶盖，也知道这个产品是哪一个经销商的货。要想窜货，门儿都没有。我们觉得数字化是可以提供很多动力的。

在其他方面，我们有超过 200 个合作了 10 年甚至 15 年以上的供应商，他们是我们事业上的合作伙伴。我们提倡大家共同努力，共同分配利润，实现共赢。

品牌方面，我认为做品牌是一个长久的工程。作为品牌方，我们要找到一条主线，找到一个符号，找到一句广告语，然后持续地传播，占领消费者的心智。做品牌也是需要时间的，按照我们自己做品牌的经验，一个品牌必须要有 8 年以上的传播，才能够真正占领消费者心智，要做到以下几点。

第一，品牌的宣传一定要助力销售。不要去追求那种高大上的形式，这对销售帮助不大。我们的核心目标是卖更多的产品，因此品牌的宣传要有助于销售。所以首先要用一句话告诉消费者你的产品是什么？消费者为什么要买你的产品？之所以选择"累了困了喝东鹏特饮"这句广告语，是因为我觉得"累了困了"这四个字首先表达了一个状态，能口语化地表达"我今天干活累了，昨天晚上加了一个通宵的班，困了"这么一种状态。处于这个状态怎么办？当还有更重要的任务，不能睡觉，不能休息的时候怎么办？东鹏特饮能帮你消除累点和困点，让你继续干。

这句广告语既解决了产品是什么的问题，又解决了消费者什么时候要喝的问题。所以我觉得这是一句好的广告语。调查一下消费者，说"累了困了喝东鹏特饮"的人肯定是 95 后。坚持这么多年，这句话已经在年青一代心中形成了符号记忆，我觉得终于见到一定的效果了。

第二，品牌要有一种精气神，所以我们提出了"年轻就要醒着拼"。东鹏特饮要成为年轻人奋斗路上的陪伴者，我也更加希望喝东鹏特饮的人是一个年轻的奋斗者，想要为人类、为社会做贡献，想要把自己的人生过得更好的拼搏者，让品牌更加有符号性，更加有精神。

第三，做品牌是要长期积累的。一个品牌一定要坚持一个定位，不要一会这么讲，一会那么讲。要让消费者建立一个认知，不要变。随着时代的变化，其他方面，诸如各种包装材料的美感、质感、主画面，甚至我们所有的广告促销品，都要不断地随时优化。

第四，品牌是要及时传播的，而传播是要与时俱进的。我们拿着钱怎样去投广告？现在回想起来，那时候全国人民都看央视，在央视一投就能够把自己的品牌打出来，那时候是品牌传播真正的美好时代。但那个时代已经过去了，品牌要及时思考怎样投放。开始是电视媒体，后面长视频起来了，在以"优爱腾"（优酷、爱奇艺、腾讯）为主的长视频平台起来的时候，我们也曾经想过怎样去把长视频的一些硬广做好。这个时候发现所有人在看长视频的时候，一看到广告就按过去或走开了。

这个时候，我们经过努力创新，在2017年创造了一种叫"创口贴"的视频广告样式。到现在，这几个长视频网站还在吃红利，还在卖这个由东鹏首先提出来的广告形态。我们也在高德地图做广告。高德的广告是在人们出行过程中展示的。短视频兴起后信息已经碎片化了，千人千面，很难去做广告。但是我们觉得在出行方面的广告潜力很大，也很稳定。大家怕堵车都会打开导航，打开广播。

我们打车到写字楼，看到分众广告。消费者每天上下班都要在这个入口经过、停留，就是我们广告的导入点。大家在投广告的过程中一定要有创新精神，因为媒介变化太快了，时代也变化太快了，假如没有一个创新的视角，不敢尝试新事物，你在传播方面很难做得好。

第五，我觉得品牌是快消品公司最大的资产，也是最核心的资产之一。当然，品牌要几十年甚至几代人的努力才能够达到真正的高度，是不能操之过急的。我不太喜欢说网红品牌，在短时间内就爆红的品牌是缺乏体验的，没有底蕴的，没有基础的。

我们也相信，国货的崛起也是跟我们这些国货产品的厂家，包括所有做国货快消品的老板对于品质的追求有很大的关系。我们把质量看得比我们自己，比企业的生命还重，使年青一代消费者觉得自己用到的国产产品不比国外的产品差。

消费者是用他们的购买力来投票的，只有将产品做好了，才能让消费者投你一票，才能成就自己的品牌。也希望我们国家能够创造出更多更高品质的品牌。

江南春：东鹏在不同的时代，运用不同的媒体来传播品牌，还有很多创新，如央视的传播、长视频"创口贴"的开创。我们还看到了东鹏在接触点上，比如说开车时的广告，这个场景就非常好。到了写字楼，累了困了的时候被提醒喝东鹏特饮，回家在电梯里又看到东鹏特饮，追剧的时候又看到东鹏特饮等。在我看来，接触点营销是回归人的视角，而不是从媒体类型来看。

我觉得传播有五个很重要的趋势。

第一个趋势是中心化对抗碎片化。全世界最大的市场研究机构凯度做了一个调研，现在中国到达率最高的是互联网广告，第二是电梯广告，第三是电视广告。互联网广告虽然到达率最高，但是碎片化的互联网能不能引爆品牌呢？我个人觉得不能，因为互联网上有海量信息，你投入再多也很容易被淹没。以前在电视时代，一些大的快消品牌可能每年投 10 亿元的广告就霸屏了，电视时代是个美好时代。今天几十亿元广告放到互联网上好像也看不见什么，完全没有以前那种霸屏的感觉了。海量空间的互联网就好像是宇宙，你在宇宙中带多少个喇叭都叫不响。

回到地面上，无论是上海还是深圳，其实也只有几千栋写字楼，几万个小区，几百个大卖场。有限空间容易被引爆，无限空间不容易被引爆。互联网时代就要用互联网的方法，互联网是精准流量分发渠道，是"货找人"。"货找人"我认为不是品牌，"人找货"才是品牌。累了困了就想起要喝东鹏特饮，年轻人有了条件反射，这是"人找货"。一对一分发大家觉得很精准，但是打造品牌靠精准没有用，至少要规模化精准，要大家都知道"累了困了喝东鹏特饮"。品牌是成为一种社会共识。人有从众心理，大多数人的行为是由整个社会的共识引领的。交易是一对一提高效率，但品牌不仅是针对购买者，还有决策者、影响者、传播者、体验者这 5 种人群，德鲁克讲这 5 种人群共同的连锁反应才是品牌的引爆。

我认为社交"种草"很重要，但现在像在草原上种草，你种完了之后，老找不到自己的草在哪儿。因为"种草"的红利也已经结束，现在还是要"种树"，把品牌曝光成消费者耳熟能详的一棵大树，把核心价值打进消费者心中形成条件反射，我认为那才是真正的品牌。像东鹏是棵大树，它所说的内容才会有人关注，所以叫中心化对抗碎片化。

十几年之前我们看到电视的成功，七八年之前我们看到湖南卫视、浙江卫视一些娱乐综艺节目的成功，这几年每天4亿人看分众，我认为必须有中心化的媒体才能引爆品牌。在不同时代，真正成功的品牌都是中心化媒体引爆的。碎片化的互联网是一种流量分发渠道，并不能打造品牌。

第二个趋势叫重复对抗遗忘。丹尼尔·卡尼曼教授有本书叫《思考，快与慢》。他在书中讲人的决策是不理性的，因为人每天的能量有20%归大脑使用，如果都用于理性思考，根本不够用。所以大脑有一个自我保护机制，95%的时间是用直觉反应，5%的时间是用理性思考的。那么请问在消费者脑中，"直觉反应"是怎么来处理这个世界的信息的呢？经常听到，最快、最容易回想起来的信息，就是真理。你可以发现，当我们形成了"怕上火喝王老吉"和"累了困了喝东鹏特饮"的条件反射，消费者以最快速度能回想起来的就是真理。广告就是要建立一种条件反射，最终的目的是要让消费的决策变得非常简单。消费者没有那么多精力去做分析，他们都是通过品牌的条件反射来进行选择。

丹尼尔教授还说了一个观点：要使人们相信一个概念、一个事物的最好方法是不断重复。人类往往分不清什么叫熟悉感，什么叫真相。真正的品牌是什么？是成为标准，成为常识，成为不假思索的选择。看完这本书我就理解了，分众的功能就是当你每天路过公寓楼、写字楼、商场、影院这些地方时，反复地帮助客户去传达，让你慢慢地熟悉，建立信任感、安全感。打造品牌是个长期的过程，要坚持不懈地去做，最终成为消费者潜意识中的首选。

第三个趋势叫确定性对抗不确定性。广告就跟投资一样，要做确定的事情，要做重复的、可以被累积的事情，要能够享受时间的复利，不能靠赌。所以加华资本投资的公司基本都上市了，因为它追求很强的确定性。

传播有三个可以引爆品牌的方法。第一个叫事件营销，比如说"中国李宁"出现在纽约时装周；第二个是赌对热门综艺，比如加多宝投《中国好声音》，伊利投《爸爸去哪儿》，安慕希投《奔跑吧，兄弟》，蒙牛投《超级女声》，都赌对了当季最红的综艺栏目；第三个就是使用中心化的媒体，比如通过分众融入消费者最日常的生活空间和生活场景。

前面两种方法回报率很好，但确定性不高。每年真正红的事件和综艺节目也就两三个，可遇而不可求，今天赌赢了，明天不一定再能赌到。益普索在2019—2021年三年追踪调查了中国记忆度最高的广告语，百分之八十多来自分众，百分之五十多来自互联网，百分之四十多来自电视。而电梯屏幕只有一个频道没法转台，消费者回家、上班是非常确定的事情，几亿人每天看一个频道，我认为确定性是比较高的，可以用确定的媒体逻辑打赢不确定的传播环境。

第四个趋势，我非常同意刚才林总讲的打广告提升品牌最终要跟销售结合，要品效协同。品牌广告打了之后，如何能够迅速地产出效果呢？我觉得有三个重点。

第一是品牌广告要跟场景结合，有场景才有销售。比如说你在写字楼中可能看到"熬夜加班喝东鹏特饮"，回家到公寓楼一看"熬夜看球、追剧、电竞喝东鹏特饮"，在特定的场景中触发特定的需求。比如花西子在时间场景中触发，2月14日的时候说"送花不如送花西子"，在5月20日的时候打造了一个带锁的唇膏说"一生锁爱，永结同心"，如果你没有给你女朋友送带锁的唇膏，说明你不想锁定她。再比如舒肤佳广告，消费者刚按完电梯按钮转身一看，旁边电梯海报上两个放大的按钮，上面都是手指印，提醒大家回家后先要用舒肤佳洗手。飘柔的广告有个镜面，上班前一照你是女神，下班时一照你是路人，因为你没有用飘柔，没有办法保持一整天的秀发。比如2018年俄罗斯世界杯，华帝在分众投了两三千万元的广告很轰动，广告语是"法国队夺冠，华帝退全款"，后来创造了十几亿元的销售。这就叫利用媒体进行场景触发，事件营销跟时间、地点、人物、事件组合，会开创新的需求，激发潜在的需求，创造商业增量。

品效协同的第二个重点是数字化，看线上投放的广告数据能不能回流到天猫数据银行。分众是全国第一个可能也是目前唯一能够打通线下跟线上数据的。你可以看到看过分众广告的人和没看过分众广告的人的转化率有什么不同，对看过分众广告的目标潜客可以进行二次追投。一般看过分众广告的消费者在线上的转化率提升了超过 50%，主动搜索可能会增加百分之三四十，再次追投之后的转化率会更高，形成了有效闭环。

第三个重点是线下导流，广告指向线下终端。比如在家乐福旁边就指向家乐福，在沃尔玛旁边就指向沃尔玛。指向终端之后跟终端换量，你打广告帮终端导流，终端就会给你更多的盘面，不仅撬动了消费者端的认知，还可以撬动企业端共同引流，拥有了更多的销售机会，形成更好的品效协同。原理并没有变，但技术层面有很多需要加持的空间。

这几年东鹏饮料的区域拓展成绩斐然，为企业带来大幅增长，东鹏也成为行业发展的标杆，未来还有哪些新的计划？

林木勤：我们作为民族品牌，未来的发展当然会在产品、品牌、渠道、数字化、企业文化等方面继续努力，但也会给自己提出更加有温度和更高的要求。

第一，我们要把东鹏打造成为一个受中国人尊敬和喜爱的民族品牌，要实现从知名度到美誉度的提升，让中国人、让消费者真正喜欢东鹏特饮，这是我们的一个奋斗目标。

第二，我们企业的愿景是让奋斗者拥有拼搏的能量，我们想要体现奋斗者拼搏的精神，让东鹏天然地成为一个拼搏的符号，鼓励社会正能量和正风气。

第三，我们要为员工搭建事业平台。

第四，为股东创造合理的回报，成为一个可持续发展的上市公司。

第五，我特别想做一个有温度的企业，我们除了用产品向消费者传达温度，帮消费者解决很多需求和痛点，还要尽自己的能力，做更多的公益。

跟大家分享一个2022年我们关爱卡车司机的行动。我曾出差去了一趟安徽。从安徽到南京走高速公路，路上我特意找了一个司机跟他聊了一下。他告诉我，他在这条高速公路口整整堵了18个小时。我说你们这种情况会不会就要休息一下，他说自己怎么能不干？他这辆车是按揭买下来的，每个月的月供都摆在那里，两个小孩还在读书，老婆也没工作。他也想把车停下来好好休息一下，可是能顶得过去吗？

他跟我说了大概半个小时，眼神里流露出来的那种无奈和伤感，一路上都让我心情很不好。我回来后，当天晚上就在考虑我们能不能做点什么。第二天我就决定开展一个货车司机的关爱行动。

我说我们不要一瓶一瓶地送给人家，那不叫关爱。我们要一箱一箱地送，然后每一箱贴上关怀的词语，让他们体会到企业的关心。我们开始在安徽、河南、江苏、浙江、山东五个省设立关爱能量站，整整送出了30万箱饮料，价值2400万元。

企业一定要对社会多一点关爱，多做一点力所能及的事情，尤其对弱势群体，最终成为一个很有爱心、很长远的企业。我们也希望自己的企业能够越走越好，走得更加长远。

　　我还有一点跟大家分享一下。实际上，很多时候可以计算的投放确实不是一个好的投放。因为民营企业跟很多跨国公司在竞争过程之中的优势就在于我们企业家直接冲在第一线，在进行一些决策时可以承担风险。而媒介环境在变化时，这种决策是很难用的。难以用数字衡量的时候恰恰是有红利的时候。等可以算出投资回报的时候再来投，那肯定只是一般的回报，不会有超额的回报。

　　我们觉得在做企业的过程中，经常会碰到一个长远利益和短期利益的矛盾问题。这个矛盾也是做企业和品牌时很关键的问题，那我们在决策的时候是看眼前还是看长远，这也是一个企业竞争中的核心问题。

　　你一旦把这个品牌、这个企业当成自己一辈子的奋斗目标，就会把眼光放得很长远，不会因为眼前的利益去透支品牌。透支都是有代价的，俗话说"出来混，总要还的"，我也相信这个观点，所以做企业的人坚持长期主义很关键。把它当成一个长远的事业去做，把眼光放得更长远，就能够把它做得更好。

　　从长期来看，加华资本认为快销行业还有哪些机会？对于企业家来说，又有哪些建议呢？

　　宋向前：我个人觉得宏观经济确实已经影响和改变了消费行

业的竞争态势和未来长期的发展格局。

可能 10% 的头部企业活得非常好，中小微企业就面临着比较大的竞争压力。弹性依然有，但是确实要靠改革，同时也意味着企业的成本增加。企业家怎么办？必须要做时间的朋友，一定要深刻理解复利的价值，理解增长的重要性。一个没有增长的企业很难消化结构性的成本压力。这样的挑战是非常大的，我觉得起码要做到"六品合一"，即品格、品类、品质、品控、品位、品牌。这是一个好人做企业家的时代，有品格的人才能做好品类规划，才能选好品质，才能做好品控，才能有品位去创造好品牌。产品背后就是企业家的人品，你能做出什么样的产品，老百姓是用手投票还是用脚投票，其实是对你的人品打分。另外，你必须理解好企业的长期价值，要尊重人的价值。现在的消费品公司都在人、货、场的关系中间，经营的是货和场，玩的是"货找人"，但今后一定是"人找货"的革命。你必须要有品牌，要有好的品质，要真正以消费者为中心，经营消费者的终身价值。如果仅简单形成产品的倾销模式，那么我们就和中国的老百姓越来越远。中国有 14 亿人口，我们完全能够拥有自己的雀巢、自己的红牛、自己的可乐、自己的肯德基、自己的星巴克。

商业本身是一个拉新、留存、转化和复购的关系，长期经营在本质上就是基于人的关系。这是个消费者权利反转的时代，你有多尊重消费者，消费者就有多热爱你这个品牌。消费者是用他辛苦获得的货币来购买你的产品和服务，要对得起这份信任，本质上是建立一种信任关系。这种关系一旦建立起来就不容易被破坏，一旦被破坏就很难再拥有。中国是需要建立这种商业文化、信任文化关系的。

另外很重要的一点是，企业的长期价值究竟是什么，如何能保证基业长青？我们要从有限的人、货、场关系的物理竞争转向无限的精神赛道的耕耘。下一个三十年，中国消费品的竞争一定是品牌的竞争。

东鹏最值钱的就是品牌。消费品领域进入门槛看似很低，其实竞争壁垒特别高，从供应链知识、产品知识、渠道知识、品牌知识到消费的行为、消费心理研究，到数字传播矩阵、数字化管理、运营供应链等，是一个产业链特别长的行业。

我觉得日本有非常多的隐形冠军，原因就是尊重市场、尊重消费者，以工匠精神来提供完美的产品，力求精益求精。而中国因为市场巨大，基础设施先进，流量赋能强大，反而给市场造成了很多错觉，让一些人以为做到一两亿元的规模就是个企业了。我开玩笑讲中国5亿元级别的企业叫入门，只有将生意变成事业了，你才能真正好好地理解市场。要理解品牌、理解品质，做到从商有德。

中国消费品未来真正的抓手，一是科技赋能，二是品牌赋能。没有科技和品牌这两个重要抓手，时代的一粒灰尘落在个人身上就是一座山。但是有科技赋能的、有品牌内涵的、真正利他的企业，在未来的竞争中绝对是高维的、基业长青的。只有突破了长期价值的底层增长逻辑的企业才是真正有价值的。大家要依旧充满正能量，跟中国的拼搏者共同前进，绝不躺平，选择拼搏。

您做企业品牌战略定位这么多年，认为未来中国消费品牌在品牌建立过程中会发生哪些变化呢？

江南春：它面临两种挑战。首先，不同人群的消费取向发生了很大的改变。有些产品在引领消费升级，也有一些产品在下沉，试图通过更优的性价比去改变市场。我的感觉是上线城市主要靠品牌，下线城市主要靠渠道。上线城市对品牌的指名购买和认知度的要求越来越高，而下线城市还是渠道的影响比品牌更大。

其次我认为很多企业有一个问题，每次都在讲ROI。很多人说，凡是算不出ROI的都不该投。我反而认为能算出ROI的都很难投。那些算不出ROI，但实际上潜藏着巨大的回报的领域，值得聚焦投下去。ROI给大家一种好像可以计算的安全感，但背后其实是被平台算透了的，你不会得到更高的回报。

我觉得品牌才是生意增长的本质，流量不是。真正的算法是人心的算法，品牌是持续免费的流量。公域流量很贵，私域流量要花很多精力，更重要的是心域流量。

渠道很重要，但是今天渠道也很丰富，不用担心消费者找不到你，核心问题是他们爱你吗？如果这个问题的答案是否定的，那品牌就会进入对流量的渴求中。这个直播不行了，另一个直播起来了……一个企业家的注意力不能集中在这儿。如果你集中在这种太具体的效果，或是立马可见的促销和流量上，会越来越忙，越来越不笃定。林总的笃定来自什么？来自他很多年以前做了一个正确的选择。他就会强者恒强地走下去。我一直觉得管理从来不是管理结果，而是管理好关键的因果，把因做对了，结果大致是对的。

林木勤：我觉得未来是民族企业发展的时代。有两个原因，第一个是随着年青一代民族自信的提升，对国产品牌的喜爱，也包括我们中国企业家和中国企业对质量的追求、品牌的追求，未来会有一个民族品牌崛起的过程。中国人很勤奋又很善于学习，还很会创造。二三十年前，国产快消品在中国基本上没有生存的余地，包括很多日化产品、饮料。但现在我们能够很骄傲地跟一些跨国公司同台竞争，这本身也是企业进步的一些表现，所以我也相信会越来越好。

在这个越来越好的过程中，我们也会不断地去创造更多品类。我一直都相信好产品是王道，产品需要真正满足消费者的需求。我们团队的追求就是好好做产品，我跟团队强调，要玩实的不要玩虚的。我们不追求一时的胜负，想要追求长期的利益。我们也认为未来的中国企业能够共同发展起来，走得更好。

宋向前：查理·芒格曾经说过：宏观我们确实是必须接受的，但是微观上我们确实要积极有所作为。悲观者正确，乐观者前行，只有保持终身学习的睿智者才能赢在将来。

打造企业品牌的护城河[1]

　　人口红利和流量红利的消失，导致许多行业开始了存量博弈，而存量博弈导致了价格血战。一方面，价格不断下行；另一方面，流量成本不断上行，进而又导致了企业利润越来越薄，企业深陷促销战、流量战的恶性循环之中。

　　基于此背景，经济学家任泽平与分众传媒董事长江南春对谈，深度交流如何"破解增长焦虑，打造企业品牌的护城河"。

什么才是好广告？

　　任泽平：广告和品牌非常重要，甚至可以成就一家企业，深

1　本文根据 2022 年 4 月 20 日任泽平与江南春的直播对谈改编。

入人心的东西可以打造百年老店，它占据的地位很难攻克。您印象最深刻的成功品牌广告是哪几个？

江南春："农夫山泉有点甜"，这是一个非常好的广告语，还有它后面的"大自然的搬运工"，在消费者的心智中是印象很深的。还有"怕上火喝王老吉""困了累了喝红牛""飞鹤更适合中国宝宝体质"等等。具体来说，比如王老吉，在广东原来是个凉茶，生意规模大概是2亿元。如何成为一个全中国人都在喝的茶，从一个地方品牌变成一个全国性品牌？如果没有"怕上火喝王老吉"这样一个调动消费者认知的广告语，不足以形成一个中国人都喝凉茶的局面。一款产品可以卖到2亿元，也可以卖到250亿元，区别是有没有打进消费者心智，消费者心智中有没有选择你而不选择别人的理由。

任泽平：尤其是消费品，它深入心智尤为重要。我分享一下我印象最深刻的两个广告。

其中之一是洋河蓝色经典的广告语："世界上最宽广的是海，比海更高远的是天空，比天空更博大的是男人的情怀。"

江南春：这句广告语打造了洋河蓝色经典。它讲男人的情怀、男人的心胸，实际上这是做酒类广告的一种方法。做酒类广告就是向消费者提供一个功能，此外，所有的消费都是自我人格的投射。你为什么要抽万宝路呢？因为你想变得像西部牛仔一样很有男人味，这是你向往的生活、向往的人生，想变成这样的人。我喝洋河蓝色经典，说明我是一个有胸怀、有情怀的男人。

如果你也喝习酒精品，说明咱俩是君子。如果咱们喝的是水井坊，说明我们是文人雅士。如果我俩喝的是舍得酒，说明我们懂得人生智慧。

不同商品是不同情感和自我人格投射的定位，这叫无形价值。比如一款商品的有形价值是帮你祛火、提神，无形价值是象征了你自己。以汽车为例，喜欢豪华尊贵车型的人开奔驰，喜欢驾驶乐趣的人开宝马，注重安全的人开沃尔沃，喜欢电动汽车的人就开特斯拉。所以，广告要么卖的是情感认同、文化认同，要么卖的是具体的竞争性功能。

任泽平：您写了很多广告语，助力了很多企业。这些广告语里，您的得意之作有哪些呢？您讲的世界上、国内那些成功的品牌广告和您做的品牌广告，为什么它们能成功呢？

江南春：其实，做品牌广告不是个创意，而是个套路。我认为套路是方法论。如何写一个品牌广告，第一就要看你的产品优势点，你的产品优势在什么地方；第二，它跟你竞争对手的差异在什么地方；第三，要能击中消费者的痛点。品牌广告必须是三"点"合一的。

很多人写广告会从自身优势出发，但如果你的优势和竞争对手差别不大，是没用的。你的优势点很好，跟竞争对手有很大差别，但是消费者不关心的问题，也没用。所以，必须是三"点"合一。如何做到三"点"合一呢？就是我说的顾客认、销售用、对手恨。

好的广告语，"怕上火喝王老吉"，凉茶预防上火顾客认。销售用吗？"江总，你嘴角裂了，怕上火喝王老吉呀"，销售推销时也会用。对手恨吗？中国新消费这么多人创业，基本没人敢做凉茶。因为即使做一款凉茶，在消费者心智中也很难打赢王老吉。它的护城河已经很深了，你根本撼不动它。

找对词、进心智，占领消费者心智

任泽平：品牌要深入消费者心智，那各个行业的"老大""老二""老三"是怎么打入用户心智的，采用了哪些不同的策略，其实都是方法论。您是否能举几个在广告品牌方面成功的作品和案例？或者说，成就了哪些企业？

江南春：不能说成就了哪些企业，我觉得任何企业的成功都是创始人自己的成功。我们最开始是共创，共创之后再进行助推，利用我们的方法论给合作伙伴带来一些思考路径。我认为最重要的是方法论。仍以汽车为例，沃尔沃在全世界占据了安全这个独特的定位，奔驰代表豪华尊贵，宝马代表驾驶乐趣，特斯拉是电动汽车的代表，这些优秀的品牌都是占据了一个特性。在寻找特性的过程中，如果我们没有把宣传点找到，也会碰到问题。比如很多消费者认为宝马、奔驰也安全，既然宝马、奔驰同样安全，我为什么要买沃尔沃？这就遇到一个问题：沃尔沃怎么说出自己的安全特性跟别人的安全特性有不同，值得大家信任？我当时就用了方法论。我也不知道答案，不知道怎么解决这个问题。我跟沃尔沃的董事长、总经理做了很多交流以后，共同寻找答案，破解这个难题。

第一，"逼死"老板。把老板"逼"得无路可走，只能用一句话说出选择你而不选择其他品牌的理由。第二，我访问了沃尔沃十几个地方4S店的销冠，我说销冠之所以成为销冠，他们一定做对了什么。在别人看来安全是一种标准，在沃尔沃看来安全是一种信仰。

沃尔沃认为爱和生命是不可辜负的，别人把安全当作一个标准，当作一个档次，沃尔沃把它当底线、价值观、信仰，这是它的安身立命所在，这就是沃尔沃在安全上走了百年历史的核心价值。在沃尔沃心目中什么是豪华？安全才是真正的豪华，家人的安全比一切豪华都重要。这是一个情感打动点，买沃尔沃的消费者不是买不起其他品牌的汽车，而是他对家人的爱超过他对外表自我炫耀的需求。

任泽平：消费者买商品买的是一个身份认同，或者买这个东西是为了彰显自己的价值观或身份，但有的商品的特点是实用。您怎么看待产品的价值？

江南春：有很多人喜欢看性价比，性价比是什么呢？商品的价值包含有形价值和无形价值。所谓性价比高不高，不是只对有形价值和无形成本的比较。一个品牌真正的价值取决于它的无形成本有没有被降得足够低，以及无形价值有没有被拉得足够高。

无形成本从哪里降低呢？信任是最好的降低成本的方法。

无形价值怎么拉升？无形价值的一个表现方面就是一个人在乎什么。举个例子。某个人最早在乎身份象征，比如要穿杰尼亚的西装，它是一种身份象征，穿上让人有自信。等你的收入很高了，会觉得这些东西不值一提了。

最后可以发现核心问题是：你的追求从身份象征转化到文化认同、情绪共鸣。你会关心，这款商品对自己的情绪产生了什么样的抚慰。商品不仅要提供功能，更要抚慰心灵和情绪。

任泽平：一个人的价值取决于对他人的价值，其实最高等的方法是炫耀情怀和精神，炫耀你对这个社会做出的贡献与价值。

红牛之前的广告语是"困了累了喝红牛"。后来，红牛没有坚持打这个广告，而是换了一个广告，结果迷失了自己，给另一个品牌提供了市场空间和机会。

江南春：我一直说广告不要随便折腾，不要每次换新概念。一些人觉得找出新选择、新概念有很大价值，我认为折腾反而会给原先产生的资产带来巨大的风险。一个东西反复说，深入人心，成为标准，成为常识，成为消费者不假思索的选择、潜意识的选择，这就叫品牌。

如何看待流量？

任泽平：好的广告要不断重复。不断重复之后，品牌会成为大家的快思考，成为第一选择。你一旦占据了这个市场和心智，不要轻易让开。你一让开别人就占据了，再往回抢就很麻烦，就跟攻山头一样，攻和守是两种态势。攻很难，守是相对容易的。商场也是战场，也涉及很多员工的就业。

现在大家都有流量焦虑，您说不要有流量焦虑，应该打品牌，品牌是自带流量的。同样打广告或者烧流量，有品牌的会比没有品牌的效果更好。但品牌也是原来的流量积累出来的。流量和品牌之间有什么区别、配合和相互借力以及定位？

江南春：我觉得过去互联网崛起的10年中，大家把流量当作生意的核心，抓住流量红利崛起的公司有很多。可以发现，很多时候、很多公司确实抓住了某一波流量红利。比如说抓住了小红书的红利，抓住了抖音的红利，抓住了直播的红利，再早可能是抓住了淘宝的红利、成了淘品牌等。这些过程当中，每一波红利都会造就一些品牌，但发展时间长了，穿越周期来看，可以发现凡是靠流量红利起来的，如果没有转型成品牌，从哪里来的很容易回到哪里去，因为流量的红利会消失。

在互联网开始时都会有红利，后来大家都去竞价了，流量是竞价的，精准的流量就这么多。所以，当你起来了要更大发展的时候，流量竞价会吞噬你的利润，所以流量不是生意的根本，流量是品牌赢得人心的结果。平台的流量也是品牌赢得人心之后的结果，所以我觉得流量本质上是一种渠道。

以前，我们的渠道是什么？是家乐福、沃尔玛，是国美、苏宁这些。后来互联网电商平台起来，它们成了主流渠道。但这些渠道都有一个特点——打折促销，价格不断往下走，流量成本的进价不断向上提，最后你会发现流量红利一过，价格往下降，流量成本往上涨就是双杀，你的利润就被挤掉了，你生活得就很内卷。

反观，如果你是强品牌，自带持续免费的流量，任何一个渠道上来，消费者都会主动去找这些品牌。所以，强品牌到哪儿都好。

任泽平：越是经济形势不好时，资源越向头部集中。那么现在的问题是，垂类把流量都集中到头部，怎么破圈获取新的流量，突破品牌的瓶颈？企业如何走出舒适区，破圈打造品牌？

江南春：破圈非常重要，因为很多企业的增长受制于知道的人太少。

怎么去破圈？在很大程度上是要更多的人知道你。很多创业公司在战术上过于勤奋，很多时候不断地追求精细化运作，但实际上你做到几亿元规模之后，精细化运作的作用已经不大了，这是 90 分和 95 分的区别。

解决这一问题的核心是什么？破圈，不要在湖里待太久，要到海里去看一下风景，否则你在湖里破圈再多，也还在湖里。所以我觉得引爆破圈让更多人知道你，从网红品牌变成公众品牌，你才能拥有巨大的突破。

企业处于不同阶段有不同的品牌打法和增长方式。

第一阶段，从零到几亿元规模的时候，你需要精准分发、精准种草、精耕渠道，在战术上要反复地去精炼。

第二阶段，从几亿元到三五十亿元规模的时候，要进行品牌破圈，成为某个品类之王，并去开拓这个品类。

第三阶段，向百亿元规模进军的时候，你要开创更多场景。比如绝味鸭脖的广告语是什么？"麻辣鲜香绝味鸭脖"，消费者觉得确实挺好吃的。但现在大家都吃过了，你再说就没什么感觉了。怎么刺激它的销量？再上一个广告，比如"没有绝味鸭脖加什么班！""没有绝味鸭脖追什么剧！""没有绝味鸭脖逛什么街！"，这就触发了潜在需求，最后激发了商业增量。它带来的是场景触发，带来了新增量，也可能会是渠道的复用。

第四阶段，到了百亿元规模以上，你就成了领导品牌，要向领袖品牌进军。这个时候就像耐克的"just do it"，宣传运动精神普适价值，开始进行价值观输出，从而引发文化认同、情绪共鸣。

什么样的品牌才能穿越周期？

任泽平：您对于创业者和老品牌，有什么不同建议？

江南春：新品牌和老品牌打法是完全不同的。

新品牌很重要的问题是，创业者首先要在消费者大脑中找到一个位置，一个竞争性的切入点。你为什么做这件事？是因为别人已经做了，所以你想跟进。"我做的性价比更好"，这个方法是行不通的。在一个产品过剩的时代，每个人都这么想，做出一堆同质化的产品，最后又是杀价内卷，所以是走不通的。你一进这个市场就要问自己，进入这个行业有没有消费者选择你而不选择别人的理由，也就是一个竞争性切入点。

找到竞争性切入点，然后把公司所有的资源，从研发、宣传到其他所有资源，都力出一孔，要在消费者心智当中占领这个点。所以我觉得创业不是先在现实世界中创业，而是先在消费者大脑中创业。在消费者大脑中，在这个领域的需求当中，找到一个你可以利用的点，占据这个山头，抢占这样一个消费者心智中的切入点，这是你首先要做的。

虽然有了切入点，尤其是做消费品，没有什么是你做了别人没法做的，一定会有人来卷你。所以，你看到了一个竞争性切入点，还要有一个消费者选择你而不选择别人的理由。

有了这个开创性的东西后，要抓住时间窗口。也就是别人还没想到，你已经把它做出来了，到了一定程度的时候开始引爆。我们把它叫饱和攻击，最终的目的是占据心智。这时候你可以发现，别人来卷你就是帮你做广告。别人投的每一元钱都很容易被你吃掉，你就成为这个品类的代名词。别人投放的每一元钱，有五毛钱是为你投的，你就形成了虹吸效应，成了行业黑洞。

老品牌不一样，我认为老品牌有三个方法可以选择。

第一是因为品牌老化，这时候品牌要焕新，重新定位。比如波司登，在重新定位过程当中选择做"全球销量领先的羽绒服专家"。优衣库在中国大行其道，什么都有，而波司登只做羽绒服。优衣库的商品性价比很高，价位在 399 元、499 元。作为羽绒服专家，波司登就做高端，价位在 1599 元、2000 元左右。现在，波司登还有价位在 5000 元的商品，走到高端市场当中，用更好的面料、技术、技艺、材质，建立更深的护城河。

第二是做第二曲线。大家知道洽洽是瓜子大王，全球最大的瓜子公司。但是瓜子做到几十亿元规模之后怎么生产？大家吃的量就这些，怎么增长？你可以发现，它的瓜子在往更高端、更多口味方向发展。更重要的是，它出了坚果。怎么做？做每日坚果，通过一个生活方式性的产品切进去。切进每日坚果市场之后，洽洽小黄袋就成了"每日坚果之王"。它引爆了每日坚果，就拥有了两条增长曲线。中国人认为坚果是能量之源，是对健康非常有益的食品。有瓜子和坚果两条路线，第二曲线就起来了。我觉得一个企业在渠道能复用的情况下，能形成产品矩阵。在渠道复用、研发复用的情况下，可以开创更多的产品矩阵。

第三是场景触发，开发更多场景能触发更多的销量。比如说小罐茶，就是现代中国茶。小罐茶在广告中说，这一路走来，要感谢的人很多很多。它也可以说春天买小罐茶，祝你春天快乐。小罐茶在春天、中秋各个时间节点上，能够给你带来非常多场景的触发。对于一个成熟品牌来说，你再打品牌知名度，可能不带来任何效应，因为它的知名度已经很高了。它需要的是场景触发，触发潜在需求带来商业增量，这一点非常重要。

关于新国货、新消费

任泽平：当今世界正经历百年未有之大变局，挑战与机遇共存。那么对于企业家而言，您觉得他们如何才能抓住这个时代的变化与机遇？目前外部环境变化很多，在您看来，现在的新国货、新消费有哪些亮点？

江南春：我觉得近几年最大的消费趋势特点就是国牌崛起，我们会发现中国品牌崛起之后，全球范围内各行各业的领导品牌都逐渐变成了中国品牌。

比如波司登，现在不仅是中国第一大羽绒服品牌，连续几十年销量遥遥领先，更是全世界最大的羽绒服品牌，但是这个过程背后也经历了很多周期。

波司登最早就是领导性的品牌，在这个期间内，也曾经出现过品牌老化。但是很快，波司登在高德康的带领之下，做了很多开创性的创新，比如借全球设计师之力，刷新了整体设计风格，用国际化的语言横扫了全球。

再看它的很多创新，我觉得非常有意思。2022 年谷爱凌代言的一款轻薄型羽绒服已经破界了，看上去不像羽绒服，跟一件时尚流行的衣服非常像，里面是羽绒，外面可以是风衣时装等。把羽绒服时装化，不仅是功能方面的创新，在全球范围都是一个重大的创新。

任泽平： 关于国潮崛起、新消费领域，您还有哪些新的发现？

江南春： 我还发现一个现象，目前全球市场正在发生很大的改变，所以中国开始发掘外循环和内循环两个组合。中国很多面向海外市场的全球顶级供应链也开始走内循环模式，即两条腿走路的模式。

比如宁波有一家企业叫乐歌，是全球范围内一个顶级的供应链公司。全球各地很多的办公桌、升降桌，包括电视机的架子等等，都是这家公司生产的，是全球的隐形冠军。你可以发觉，它实际上已经开始进入内循环，不仅外循环做得非常好，进入内循环之后广告语也发生了改变，发布"这辈子直了"的广告宣传片，倡导了一种全新的健康理念。这就是将国际顶级供应链转到中国。

类似的很多公司都转型成功了，所以大家不要特别担心，你要有强大的世界级供应链能力，或者成为世界品牌供应链的能力。空刻意面 90% 的产品在网上卖，所以你可以发现借助互联网的通道、分众的品牌引爆等，可以很快由 to B 进入 to C 市场。

关于新能源

任泽平： 现在新能源可能是中国经济包括资本市场、产业界最热的，很多资本涌向新能源领域。新能源赛道也特别多，新能源汽车、锂电正负极材料、光伏氢能储能、智能驾驶等。您也看了很多新能源企业，和我们分享一下您的观察和洞见吧！

江南春： 首先，新能源企业在崛起的时候需要抓住风口，但不是你看到风口之后才行动，而是五年、十年之前看到这个领域就开始布局，才能享受如今巨大的市场红利。

比如龙蟠科技，原来是汽车行业生产润滑油等很多相关产品的领导品牌，你可以发现它很早就开始布局新能源。它开始由润滑油的供应商转向做新能源电池正极材料，这是电池关键核心部件，成本占比超40%。龙蟠的业绩也大幅增长，一个产业带动了整个零部件厂商的崛起。

其次，一个品牌最大的关键问题是能不能向高端突破，在核心技术形成后，如何向高端突破并站稳。

例如，比亚迪在新能源汽车领域不断发力，应该说在10万~30万元价格区间的汽车品类中已经是一家遥遥领先的公司，它在高端突破这方面非常值得其他企业学习。在比亚迪汉崛起后，它在分众上形成了巨大的引爆，如今市面上出现了比亚迪汉EV、唐EV、坦克500等价格超过30万元的车型，未来还会有五六十万元、100万元的豪车推出。这个时候，中国品牌不仅在新能源市场取得了胜利，而且最终会在高端市场站稳脚跟，这标志着中国汽车市场开启了一个全新格局。

另外，国企品牌的崛起也是一个很大的势力。外资品牌反而在这个领域当中没有表现得非常亮眼。长安系、东风系、上汽系、广汽系、一汽系推出了一系列电动汽车产品。所以我觉得，中国品牌将会在新能源时代全面领先。

任泽平：我也谈谈我对新能源汽车的几点观察。

第一，传统燃油车的"诺基亚时刻"来了。非常明显的一个数据就是，2022 年新能源汽车销售可能会突破 600 万辆，整个汽车销售大约是 2500 万辆，2022 年中国新能源汽车的渗透率超过20%。同时，传统车的销售都在大幅下滑，而新能源汽车销售还在以 50%~100% 的速度增长。

第二，人才和资本都涌入新能源汽车领域，很多传统车企都不再投钱。

第三，年轻人更喜欢。一旦用上了新能源汽车，你会发现你退不回去。因为它的智能化水平更高，使用成本更低，而且在不断迭代当中。

第四，中国企业崛起。以前满大街跑的都是外资品牌、合资品牌汽车，而中国 2022 年新能源汽车销售 600 万辆，比亚迪一家企业就卖了 200 多万辆，占了 1/3。

第五，新能源汽车还有一轮洗牌。这个行业里有巨大的机会，但是也迎来越来越激烈的竞争。

江南春：首先，全球经济面临非常多的挑战，但这能激发出你潜在的能力。在舒适区待着，你的业绩可能表现很好，但对企业而言这可能不是好时候，一个企业最好的时候是被挑战从而激发出巨大创造力的时候。倒过来说，你要寻找新的赛道，寻找更多的增长曲线。往往进入瓶颈期时，你才开始探寻其他可能的结果。

其次，我认为中国的经济、人口红利增长的确放缓了，但是人心红利正在展开；流量的红利增长放缓了，但是品牌的红利还在成长。

第一个机会，中国众多的国牌崛起，不仅品质好、进入消费者心智，而且成为消费者心智中的首选，国牌的崛起不容忽视。

第二个机会，中国很多做全球市场的、顶级的供应链公司，应该直接从 to B 转向 to C，而不是仅仅在全球范围做 to B 的生意。我觉得未来具有 to B 强大供应链的公司，做 to C 业务会焕发出巨大的生命潜力，它的市值会再创新高，因为一个 to C 公司，尤其在中国巨大的十几亿人口的市场当中，会有巨大的想象力。

第三个机会，不要老是去看巨头有多厉害、具有规模优势等等，任何企业在中国市场，只要成为某个细分场景、细分人群、细分功能的首选，开创了差异化价值，抓住时间窗口进行饱和攻击，一定可以在一个细分市场称王。在中国，很容易在一个细分市场做到二三十亿元的市场份额，中国的新消费依旧具有巨大的潜力。

我也希望企业有足够的信心，抓住现在的时机。企业管理不是管理结果，结果永远是不可测的，企业家精神就是在一个不可预测的世界当中管理因果，而不是管理结果。因做对了，果一定是对的。

附录

行业研究与报告

2021 年引爆记忆广告语盘点

益普索

后疫情时代，人们在奋力与反复的疫情搏斗的过程中，形成了新的生产生活状态。一方面，居民的出行方式更为简单、活动空间范围缩小、休闲娱乐内容减少，一系列的变化使消费者面临的媒体信息环境产生了较大的变化。另一方面，人们面临着更多的社会经济、工作、生活上的不确定因素，消费选择更加理性。无论中低收入消费群体还是高收入消费群体，虽然在消费结构上对高性价比和高价值产品的两极化追求进一步加剧，但都更关注健康、家庭的生活品质、精神陪伴和情感共鸣，更愿意为信任和真诚买单。对于品牌营销活动来说，无疑在消费需求洞察、细分场景、心智联结、渠道和内容的融合等方面都提出了更高的要求。

　　品牌被引爆需要产品、渠道、内容等各方面的共振影响，其中广告语作为核心的品牌价值主张载体，对品牌的传播起到重要的作用。根据益普索（Ipsos）《2021 年中国广告语盘点》，从消费者对 2021 年 Top10 热门、高辨识、占据心智的广告语的记忆渠道分析，大多数被引爆的品牌依然通过线上线下多渠道进行整合传播，其中与消费者生活场景紧密关联、高频曝光、观看干扰度低的媒体渠道对品牌记忆效果更有帮助。同时，娱乐性强、内容与媒体融合度高的广告语更容易引发口碑传播。电梯媒体传播的广告语记忆效果最为突出，其次是互联网。在引爆品牌传播方面，Top10 热门 / 高辨识 / 占据心智的广告语中，消费者的记忆渠道 50% 源于电视，69% 源于互联网媒体，84% 源于电梯媒体。

图 4-1　2021 年的热门广告语

本次调研主要针对北上广深四大城市中月收入 4000 元以上和新疆、西藏以外地区月收入 3000 元以上的 18~60 岁人群，样本合计 2000 人。被访者中 30~39 岁人群占 45%，本科以上学历者占 6 成以上，个人月收入 8000 元以上人群占 7 成，覆盖了广义上的主流消费群体。

2021 热门广告语

2021 年消费者认知度最高的广告语主要来自食品饮料、乳制品和运动服饰等领域。前十大热门广告语品牌分别为：元气森林（"0 糖，0 脂，0 卡"）、蜜雪冰城（"你爱我，我爱你，蜜雪冰城甜蜜蜜"）、Ulike（"有蓝宝石的，就是高级的"）、中国移动（"中国移动 5G，未来无限可能"）、农夫山泉（"我们不生产水，我们

		2021热门广告语Top10
1	元气森林	0糖，0脂，0卡
2	蜜雪冰城	你爱我，我爱你，蜜雪冰城甜蜜蜜
3	Ulike	有蓝宝石的，就是高级的
4	中国移动	中国移动5G，未来无限可能
5	农夫山泉	我们不生产水，我们只是大自然的搬运工
6	飞鹤奶粉	更适合中国宝宝体质
7	唱吧 K歌宝	头大声音好，唱吧k歌宝
8		怕蔗糖，喝简醇，0添加蔗糖
9		活菌500亿，5倍更给力
10	ANTA	爱运动 中国有安踏

图 4-2 2021 热门广告语 Top10

只是大自然的搬运工"）、飞鹤（"更适合中国宝宝体质"）、唱吧K歌宝（"头大声音好，唱吧K歌宝"）、简醇（"怕蔗糖，喝简醇，0添加蔗糖"）、蒙牛优益C（"活菌500亿，5倍更给力"）、安踏（"爱运动，中国有安踏"）

面对疫情的反复、不确定的经济环境，人们对健康的主动管理意识和生活掌控感需求越来越强烈。

一方面，那些以简洁清晰的卖点讲好了品牌健康理念的广告语（如元气森林"0糖，0脂，0卡"，简醇"怕蔗糖，喝简醇，0添加蔗糖"，蒙牛优益C"活菌500亿，5倍更给力"）契合消费者对健康、营养均衡的强烈需求，击中消费者心理。另一方面，从情绪价值角度，消费者更容易被能激发愉悦和幸福感受、令人轻松和减缓焦虑的产品所吸引（如蜜雪冰城"你爱我，我爱你，蜜雪冰城甜蜜蜜"）。

从2021年消费支出来看，在追求健康、提升品质及更美好的生活方面，消费需求进一步增加。在生活压力带来的焦虑下，人们对由内而外全方位的身心健康格外重视。健康的饮食和生活方式、平稳积极的情绪成为品牌和消费者进行联结的重要纽带。具有健康、特色标签、品质优异、亲和力等品牌特点的广告语更容易得到消费者的关注。

同时，随着东方文化和民族自信的崛起，"国潮"不仅引发消费者对国货的强烈兴趣，更抒发了对中国精神、中国元素流行的社会情绪。安踏（"爱运动，中国有安踏"）借力国家形象品

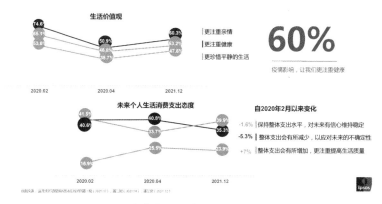

图 4-3　消费者心理变化及支出态度变化

牌，塑造了领跑者的姿态。"国潮"激活了中国传统文化，也为国产品牌重塑活力、扩大市场、走近新消费时尚和个性选择的消费群创造了良好的机遇。

2021 高辨识品牌广告语

入围高辨识品牌广告语前三的分别为安踏（"爱运动，中国有安踏"）、剑南春（"中国名酒，销售前三"）、元气森林（"0糖，0脂，0卡"）。其中，元气森林的广告语经过多年的品牌积淀，已成为消费者心智中独一无二的品牌标签。"品牌名＋优质产品定位＋长期投放"使产品通过持之以恒的聚焦传播在品类和细分领域中突围而出。与此相似的还有波司登（"为了寒风中的你，波司登努力45年，畅销全球72国"）、蒙牛优益C（"活菌 500 亿，5 倍更给力"）、妙可蓝多（"奶酪就选妙可蓝多"）、格力（"让世界爱上中国造"）、简爱（"生牛乳、糖、乳酸菌、其他没了"）、瓜子二手车（"二手车新买法"）、花西子（"东方彩妆，以花养妆"）。

2021高辨识品牌广告语Top10

1	ANTA	爱运动 中国有安踏
2	剑南春	中国名酒 销售前三
3	元气森林	0糖，0脂，0卡
4	波司登	为了寒风中的你，波司登努力45年，畅销全球72国
5	C菌	活菌500亿，5倍更给力
6	妙可蓝多	奶酪就选 妙可蓝多
7	GREE	让世界爱上中国造
8	简 爱	生牛乳、糖、乳酸菌 其他没了
9	瓜子	二手车新买法
10	花西子	东方彩妆 以花养妆

图 4-4　2021 高辨识品牌广告语 Top10

品牌拥有高识别度的关键在于以下几点。

第一，差异化品牌定位且卖点清晰。通过简短的广告语表达产品的优势，如简爱（"生牛乳、糖、乳酸菌，其他没了"）能够在复杂的场景中保持较高的识别度和记忆度。同时，广告语、品牌标识、包装等沟通要素在视觉锤、理念及内容上的一致性，更有助于提高品牌辨识度，如花西子（"东方彩妆，以花养妆"）。

第二，真诚、可信的品牌形象及风格，能够促进消费者意识中对品牌信息的接受度和信任度。如波司登（"为了寒风中的你，波司登努力 45 年，畅销全球 72 国"），用温柔的话语为人们带来温暖舒适的感受；格力（"让世界爱上中国造"）用诚挚的梦想体现了品牌朴素而坚定的品质和新时代企业的担当，在消费者心中树立起独特的品牌形象。

第三，抢占品类／细分品类领导地位。广告的目的在本质上是为消费者的购买提供理由。有的广告语直接通过购买导向作用对消费者形成优于竞争对手的品类领导者的印象，从而在该领域中突围而出（如"奶酪就选妙可蓝多"等）。这种类型的广告往往结合行业背书，或运用具有鲜明特点、聚焦的传播方式将品牌和品类进行强关联。

2021 占据心智广告语

消费者印象最深的广告语为：美团（"美好生活小帮手"）、Boss 直聘（"找工作，找老板谈"）、智联招聘（"上智联，靠谱工作视频见"）、黑白调（"坏习惯，一调就好"）、天猫（"美好生活，与你共同向往"）、伊利金典有机奶（"有机生活，有我定义"）、凯迪拉克（"你是我特别的光"）、每日鲜语（"高端鲜奶新标杆"）、知乎（"有问题，就会有答案"）、珀莱雅（"性别不是边界线，偏见才是"）。

从整体来看，生活化、解决痛点、与场景结合、长期沟通的广告语更容易植入消费者心智。

第一，连接需求。品牌对用户生活和精神需求的洞察是与消

图 4-5   2021 占据心智广告语 Top10

费者产生联结的根本。美团（"美好生活小帮手"）则通过在不同的生活化场景中对人们生活的助力实现了创造美好生活需求的有效衔接。类似的还有天猫（"美好生活，与你共同向往"）也勾勒出对更好生活的愿景和期盼；黑白调（"坏习惯，一调就好"）言简意赅地关联到家长对选择儿童座椅的核心诉求。又比如知乎"有问题，就会有答案"可谓是深入人心，既巧妙地回应了消费者的认知需求，又饱含深刻的哲思，令人回味。

第二，引发情感共鸣。所有文案都是通往消费者内心的桥梁，有些偏情感诉求的广告语能够直击心底、振聋发聩。珀莱雅（"性别不是边界线，偏见才是"）打破了人们对性别的思维定式，显示出挑战传统的自信、新时代价值观以及对人更深切的理解和关怀。这类广告语能使消费者对品牌迅速建立情感认同。

第三，坚持长期主义。近年来，消费者表示在小区及办公楼的电梯中经常看到某些品牌的广告，有些甚至非常洗脑，因而产生了深刻的印象。生活中不乏这样的案例，很多广告语经过频繁的宣传，抵御大脑的遗忘机制，有效强化了消费者的记忆，如 Boss 直聘（"找工作，找老板谈"）等。

被广泛记忆和传播的广告语的主要特点

2021 年给消费者留下深刻印象的广告语从创意角度来看，具有以下几个主要特点。

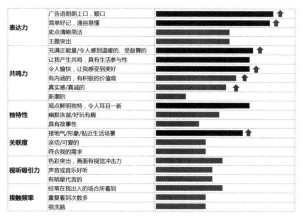

图 4-6　2021 年广告语记忆要素

第一，简单易记，朗朗上口，通俗易懂。一直以来，消费者耳熟能详、传播度高的语句有很多来自经典上口的广告语。这些广告语不仅通过押韵或平仄、反义等技巧让人印象深刻，而且简明扼要地阐述了核心卖点，能让产品和品牌从竞品中脱颖而出，瞬间跳到消费者心中，达到事半功倍的效果。

第二，充满正能量，令人感到温暖、愉悦和生活的美好。与2020年相比，不断反复的疫情冲击使人们面临着个人和家庭等众多方面的变化和挑战，具有人文关怀、积极正向的广告语也更容易令人印象深刻。

第三，接地气、贴近生活。紧跟消费需求的变化，回归本质、直白朴实的降维沟通被消费者认为更具有生活气息、贴近需求，容易令人产生共鸣。

最能加强受众记忆的渠道

从消费者的记忆渠道来说，电梯媒体由于高频曝光的特点依然在加深消费者记忆方面具有一定的优势。电梯媒体作为线下的主流媒体渠道，在核心消费群覆盖、数字化、精准营销方面的不断发展持续吸引众品牌的关注和入驻。

同时，随着居家生活的时间增多，网络与生活的连接更为紧密，互联网广告尤其是视频类媒体也有较好表现。其因广告制作、分发不受时间限制而具有较高的灵活性，形式多样且覆盖面广，也成为品牌重要的传播渠道。

2021年广告语记忆渠道

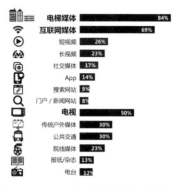

图 4-7　2021 年广告语记忆渠道

从上述分析来看，以电梯媒体为代表的日常生活场景和互联网视频类媒体如抖音及以微博、微信为代表的社交媒体高效结合，在不同的阵地对品牌深入种草，在后疫情时代将是助力品牌强劲复苏和增长的核心阵地。在这样的传播发展趋势之下，对于广告主和品牌而言，将线上与线下、内容化与场景化高效结合，通过"双微一抖一分众"引爆品牌，将成为未来传播的有效形式。

在稳经济促生产的政策下，疫情防控逐步进入高效有序管理，各行各业积极复工复产。随着经济的逐步复苏，有望迎来消费反弹。从 2020 年疫情后的市场表现来看，品牌当前的任务之一是调整和优化营销策略以应对挑战，发力更聚焦，为未来长期可持续发展打造护城河。

2022趋势报告：后懒人经济，质懒生活成为新风尚

肖明超趋势观察

　　当"枯藤老树昏鸦，空调Wi-Fi西瓜，葛优同款沙发，夕阳西下，我就往上一趴"成为当代年轻人的真实写照，当"床以外的距离都是远方，手够不着的地方都是他乡"被奉为信条，"懒"不再是一个贬义词，越来越多的人也愿意承认自己就是地地道道的"懒人"，开始习惯用金钱换时间。

　　甚至，许多人认为"懒"才是真正的第一生产力。知萌咨询发布的《2022中国消费趋势报告》（以下简称"报告"）显示，受访者中有近1/3的人认为"懒人经济"是人类进步和社会发展的标志，还有27.4%的人认为"懒人经济"是现代人对时间更好地

利用与分配的体现。

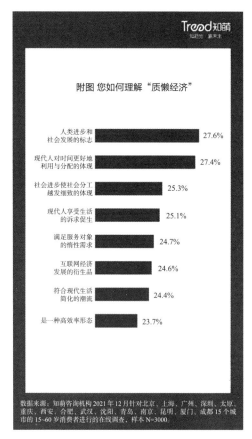

图 4-8　如何理解"质懒经济"

就连世界上第一台电脑的发明者约翰·阿塔纳索夫都说："我太懒了，不喜欢运算，所以就发明了电脑。"后来也因为人们的"懒"，各类"助懒"产品层出不穷：懒得走路就发明了汽车，懒得爬楼梯就发明了电梯，懒得出门购物就有了电商……"懒人经济"的千亿元规模生意经由此开启。

从"效率懒"到"品质懒":"懒人经济"升级

伴随着消费升级,人们对生活品质的要求越来越高,"懒人经济"也从过去单纯为了赶时间吃泡面的"效率懒",升级为如今为了更好享受生活的"品质懒"。预制菜、快手料理、智能产品等兼具"懒"与"质"的产品迅速发展,覆盖了吃、喝、玩、乐等生活的方方面面,满足了人们"懒到底"的需求,成为不少消费者的选择。

如果说过去的"懒"是为了节省时间,今天的"懒"则是要为了更加精致地享受美好时光,"质懒"成为一种新的生活方式。

淘宝在"懒人消费分类"中把"懒人"分为了四类,分别是"弯腰障碍患者"(视弯腰为大敌,善于运用懒人神器避免弯腰系鞋带等动作的人群)、"平躺生物"(借助懒人神器实现躺着也能有丰富多彩生活的人群)、"家务指挥专家"(擅长指挥扫地机器人、智能音箱等智能家电解决家务问题的人群)、"不做饭斯基"(通过各种方法减少饭菜准备时间的懒人群体,能不做饭坚决不做)。

报告显示,按照淘宝的"懒人消费分类",00后几乎可以被称为"全能懒人",每一类都有近9成的00后中招。90%的00后都是"不做饭斯基";79.5%的95后是"家务指挥专家"。60后和70后因为年纪和身体因素,"弯腰障碍患者"最多,分别占

91.8% 和 76.8%。

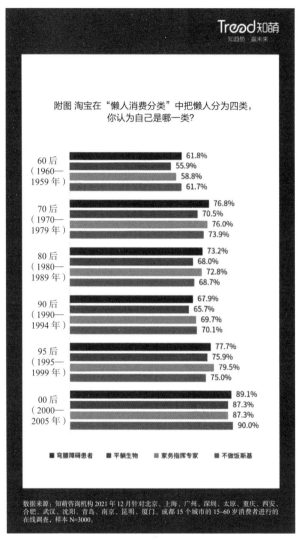

图 4-9 懒人分类与对应年龄层分布

从消费升级以及追求效率生活的发展趋势来看，人们"变懒"已经成为一个不可逆转的趋势。通过数据也可以看出，追求便捷、有品质的生活已经不仅是 Z 世代年轻人的专属，"懒人"用户群体还在向 90 后、80 后甚至 70 后和 60 后展开。随着商业便捷性的完善以及生活服务水平的不断提高，"质懒经济"也将从深度和广度两个维度继续延展。

"质懒浪潮"驱动"懒人"消费新赛道

人可以懒，但品牌和产品不可以。换句话说，恰恰是因为人够懒才造就了大批品牌和产品。所谓"懒人善假于物，而品牌善假于人也"。在"质懒浪潮"下，一些日常消费也成为品牌的新赛道。

在"民以食为天"的中国文化里，"吃"一直都是国民的头等大事，当"吃"和"懒"结合在一起，即食产品、半手工产品打破传统做饭场景，在"质懒"的同时也要有烟火气。

报告显示，在所有日常生活的消费中，做饭成为国民"偷懒"的第一梯队项目，外卖和预制菜 / 快手料理分别以 37.4% 和 37.2% 的占比，飞入万千百姓家，其次是智能产品和速食。

近几年"自热食品"凭借其速食、便捷的属性，在消费者中广泛流行。除了自热食品，速冲食品和即食食品以"低负担"为标签，切入"质懒"消费板块。

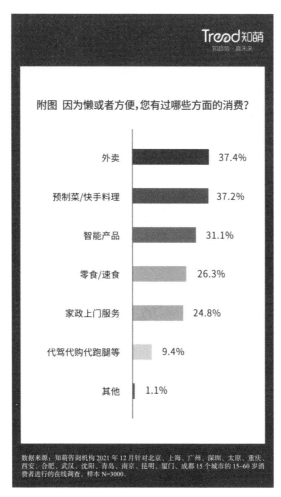

图 4-10 "质懒"消费的用户分布

除了红利效应最为明显的餐饮业,近年来,衣柜整理师、家宴厨师、上门理疗师等各种新兴职业层出不穷,智能家居产品、奇思妙想与方便实用的小设计也借助网络平台大卖特卖,"智慧懒"也促进着智能家电市场迭代升级。

例如，海尔智家在 2020 年发布全球首个场景品牌"三翼鸟"，借助 5G、人工智能、IoT（物联网）等技术，将小的智能单品进化为大的智能生态，为用户提供阳台、厨房、客厅、浴室、卧室等智慧家庭全场景解决方案，为用户提供最领先的产品、最丰富的场景、最有温度的生态服务。海尔智家不仅推动了定制化智慧美好生活的全面普及，开启智慧家庭升级的新时代，并开辟了"质懒"和"智懒"物联网时代场景品牌的新赛道。

"质懒"生活品牌营销策略

从"质懒经济"的异军突起，可以看出品牌为迎合消费者的心理需求所提供的服务性质，这也预示着经济的人性化趋势。品牌应该抓住这一热潮，在多变的市场消费行为中占领先机。

策略一：定位"质懒"场景。在越来越注重细分场景需求的推动下，品牌在进行用户定位时，也应该对用户的使用场景和状态进行定位，在最合适的地方进行最合适的营销，以达到最合适的效果。

以 Ulike 脱毛仪为例，针对女性外出脱毛不方便的需求点，推出家用脱毛仪，让忙碌的职场女性在家就可以享受美容院级的脱毛服务。而在传播过程中，Ulike 通过与分众合作，将品牌"冰点不伤肤，强效还不痛，精致又方便"的优势植入都市丽人们每天必经的公寓楼、写字楼电梯间。毕竟对忙于工作的都市白领而言，面对动辄十几层甚至几十层的高楼，与其爬楼梯，他们更愿意选择高效便捷的电梯。此时 Ulike 脱毛仪在电梯间传递的信息内容更容易俘获都市白领的关注，击穿用户心智，受到用户青睐。

策略二：抓住需求痛点。在强调"用户体验"的今天，任何切中用户痛点的商业模式都能成为细分领域的一枝独秀。例如，针对现在的年轻人没时间研究烹饪、没有高超的厨艺但又对口味有很高的要求这一痛点，预制菜、快手料理、复合调料等"懒人"吃饭神器不断崛起并大受欢迎。

2021 年双 11 购物节期间，预制菜产品销售火爆，成交额同比增长 2 倍。八大菜系中粤菜、川菜、湘菜等都推出了预制菜产品，方便、快捷、品类多、味道还不赖，不仅满足了小型都市家庭美味、营养、快速的就餐需求，还满足了他们的情感需求，让他们在享受方便快捷的同时也能感受到做饭的治愈感和小确幸。

策略三：打通社交链路。对于许多"懒人"来说，他们把三次元的社交精力更多地放在了"二次元"的世界——刷剧、看书、打游戏等。在"懒人"消费者集中精力消费内容时，平时抱怨消费者注意力不集中的品牌反而有了更多的营销空间，进行集中"种草"，然后打通社交传播链路，让品牌传播声量最大化。

例如，在疫情无法外出娱乐时，作为家庭 KTV 的代表产品，唱吧 K 歌宝抓住了"让消费者唱歌更简单""在家就有 KTV 的效果"的卖点，以"不走寻常路"为主题在分众传媒进行了集中的品牌线下引爆，不仅激发了年轻消费者足不出户也能在家 K 歌的"质懒"需求，还掀起了规模化的消费风潮。在通过分众线下的大面积品牌触达和持续的品牌曝光，持续累积了"懒人"对品牌的认知与信任后，喝吧 K 歌宝还在快手、抖音、小红书等线上渠道进行了"种草"营销，进一步在年轻用户中形成了"懒懒相传"的社交传播。

　　"懒人"的需求和资本的逐利正在加速"懒人经济"的发展。而科技的发展和消费结构的升级，也正在让"懒人经济"走向更为高阶的"质懒生活"。但是，此"懒"非彼"懒"，"懒人经济"的参与者未必全是懒人，"质懒"生活的终极目的也不是让懒惰滋长，而是让需要的人留出时间做更多有意义和有价值的事情。

拆解分众百大案例，看中国品牌崛起的四大增长逻辑

国家广告研究院

2021 年 12 月召开的中央经济工作会议提出我国经济发展当下面临着三重压力：需求收缩、供给冲击、预期转弱。反映在数字上，当年 11 月社会消费品零售总额为 41043 亿元，同比增长 3.9%。扣除价格因素，11 月社会消费品零售总额同比实际增长只有 0.5%，已经接近 0 增长，消费实际需求走弱可见一斑。不仅如此，11 月实物网购的当月两年平均增速和 10 月相比，从 15.9% 大幅降至 9.7%，自有数据以来首次落到个位数增长，以往在大家印象中飞速狂奔的电商也开始触碰到天花板。"增长焦虑"将会成为近几年围绕企业家和高管们的挥之不去的阴霾。

"存量竞争"替代了"跑马圈地"，市场将不可避免地走向分化。有的企业打破成本价也换不来增长，有的企业却能够逆势保持良性增长，甚至在上游成本上涨的情况下也能够从容提价，在增长的同时保持合理的利润空间。

波司登：营收连续 3 年保持两位数增长，2021 年荣膺全球羽绒服销售额、销售量双料第一。2021 年双 11 购物节折扣不仅从上年同期的 7.1 折提升至 8.4 折，还取得同比超 50% 的增长，销售额达到 27.8 亿元，位列中国服饰品牌销售榜第一。

飞鹤：2021 年上半年实现营收 115.44 亿元，同比增长 32.6%，市占率攀升至 19.2%，领跑中国婴幼儿奶粉市场。

元气森林：2020 年销售额高达 27 亿元，同比增长 300%，2021 年整体销售额持续保持超高速增长，预计超 70 亿元。

华润雪花啤酒：持续推进高端战略，2021 年上半年次高档及以上啤酒销量达 100 万千升，同比增长 50.9%，对应市场占有率达到 22%~25%，实现超预期增长。

润百颜：品牌创立 4 年实现 20 倍增长，在 2021 年已成为华熙生物第一个年销售额破 10 亿元的科技护肤品牌。

Ulike：卫冕 2021 年全网双 11 购物节美容仪器类目销量冠军，其销量超过了该类目第 2~10 名品牌销量的两倍，连续 6 年全网销量第一。

妙可蓝多：奶酪业务销售额自 2017 年起，连续 3 年翻倍增长，从 1.9 亿元到 4.6 亿元、9.2 亿元，2020 年达到 20.7 亿元。

2021年上半年销售额达15.22亿元，同比增长超90%，市占率达到30.9%。该企业也成为中国奶酪行业龙头。

这些品牌案例均出自分众传媒近期发布的分众百大案例，上百个品牌近年来与分众深度合作，实现了持续增长。其中既有百亿元规模级的消费巨头，也有亿元规模级的新兴品牌。

如今，中国广告行业的市场规模已达万亿元，而分众传媒用不到200亿元的年营收规模，在两三年间产出上百个持续增长的品牌案例，足见其在如今碎片化信息时代的媒体优势。不同于流量广告、直播带货所依赖的折价促销，或者公关引爆的不确定性，分众这些案例实现了稳定的传播效果以及不依赖折扣的品牌驱动式增长。

分众作为全球电梯媒体的开创者和绝对领导者，至今已经覆盖了300多个城市，超260万个终端，实现日覆盖4亿城市人口；在写字楼和住宅楼利用电梯媒体高频、低干扰的触达能力，广泛提高受众对品牌信息的记忆度，助力品牌构建深厚的认知护城河。

从分众百大案例中，我们能看到四类品牌驱动的典型增长逻辑。

逻辑一：产品破圈

很多新创立的品牌首先靠的是对原点人群的撬动，因为原点人群更容易激发转化，通过流量广告的精准触达效果也非常好。

但当原点人群触达趋近饱和后，品牌的销量便会触顶。只有让更多圈外的人知道品牌，才有可能带来销量的进一步增长。但用流量广告破圈，在 ROI 难以为继的情况下，企业会陷入两难。

很多品牌甚至在这里会产生一种误区，觉得自己已经有很高的知名度，销量不增长是因为触碰到了天花板。

实际上，互联网会放大讨论热度的体感，数十万级用户的品牌加上"营销手段"推动，就能产生被很多人"种草"、热议的感觉。然而真正到线下随机拦访时会发现，知道的人也并不多，更不用说到二、三、四线城市调研了。这些品牌未能影响到的人群正是巨大的消费增量空间。

要对一个人产生影响，让他能对品牌产生兴趣、了解直至产生购买，需要使其持续接触品牌并且形成记忆。但是 ROI 导向的互联网广告投放思维难以接受这种长效影响带来的投产关系。

更重要的是，互联网的广告形式不利于重复有效触达形成记忆。消费者使用手机有很强的内容阅读目的，当互联网广告穿插其中时，消费者更加倾向滑过、跳过，品牌很难保证自己的内容被消费者接收。如果在内容上一味取悦消费者，又会使品牌想要传递的信息被掩盖。

所以，分众百大案例中第一个独特的增长逻辑就是当品牌在原点人群圈内验证可行性后，通过分众引爆式投放，实现对 4 亿人的饱和式覆盖，用主动、高频的媒体优势帮助品牌突破圈层，在消费者心中形成认知记忆。

我们能看到大量新消费品牌通过这样的路径，实现了连续多年的翻倍增长。

Ulike脱毛仪作为创新品类，前期用KOL、主播带货等方式迅速打开了市场，在蓝海市场实现连续5年销量第一。但到达10亿元规模的时候，Ulike的增长遇到了瓶颈：虽然核心的原点人群已经全部触达，但很多消费者还是不知道Ulike是什么，此时打流量广告的ROI在不断下降。然而不投就没有流量，品牌只能硬着头皮投放来维持规模。

2021年，Ulike选择与分众合作，通过核弹式的引爆投放实现破圈，打响知名度。几轮投放后，Ulike迎来了销量爆发，不仅在当年6·18购物节以4.62亿元销售额成为天猫、京东的双料脱毛仪销售冠军，还位列天猫美妆排行榜第6位，成为该榜单唯一进入前十的中国公司；双11购物节卫冕全网美容仪器类目销量冠军，其销量超过了该类目第2~10名品牌销量的两倍，2021年营收预计突破25亿元。

更让Ulike CEO潘玉平重视的是，脱毛仪品类第二大搜索词变成了"Ulike脱毛仪""蓝宝石脱毛仪""Ulike冰点脱毛仪"等，与Ulike相关的脱毛仪词语搜索量也在持续地上升。消费者不仅看见了Ulike，还主动开始找Ulike了，这是从"货找人"到"人找货"的转变。品牌引爆在带来销量增长的同时，还带来了源源不断的免费流量，使流量广告所需要的投入大大降低，而且投放效果有大幅提升。

元气森林以"无糖气泡水"的定位进入市场，最初通过互联网精准分发吸引到一批粉丝用户，通过与粉丝用户的沟通、互动来逐步迭代产品。无糖气泡水并不是一个新概念，头部品牌早有布局，新兴品牌跟进迅速，想要守住从 0 到 1 的成果必须迅速实现从 1 到 100 的跃迁。

要想进军更广袤的线下市场，就必须有品牌大规模破圈的支撑，冲破原有互联网粉丝群体，真正成为一个大众品牌。元气森林联合创始人王璞曾对外表示："2020 年 5 月，我们第一次决定在全国范围内进行一次媒体投放，选择媒介的标准是要高频，我们选择了分众。从之后的数据反馈来看，不管是对铺货的支持还是销量的提升，分众都起到了很重要的作用。"

创始人唐彬森也对媒体表示："2020 年主要做了一个分众（广告）、一个 B 站（晚会）。铺广告是为了和对手正面较量，在中国做生意，如果关键时候不做好关键性努力，就会错失机会，这些广告帮助我们实现了渠道大面积铺货和对消费者心智的占领。"

最终，元气森林在 2020 年取得了超 300% 的增长，用事实证明了分众 4 亿风向标人群高频触达能力所带来的破圈力量。2021 年，元气森林继续在分众上引爆，除了实现业绩的迅速增长，更重要的是为自己争取到了足够牢固的认知，成为大众购买零糖气泡水的首选品牌，得以从容应对不计其数的跟风模仿者。中科院发布的《2021 中国无糖饮料市场趋势洞察报告》显示，面对各种无糖气泡水品牌，82.1% 的消费者倾向于选择元气森林，这一比例是其他品牌总和的 4 倍。

逻辑二：开拓场景

不管是新品牌还是成熟品牌，有时候会面临一个困境，即产品很好，认知度也不错，但是推广屡屡受挫。无奈之下，品牌继续加大宣传自身产品有多好，但依然无法打动消费者。

这里一定要思考清楚，消费者真的是因为不知道你的产品有多好而不选择你吗？消费者是先有需求才会选择品类，继而选择品牌的。有的品牌虽然已经成为品类首选，但是如果能够更好地对接和激发需求，就有机会产生巨大的增量空间。

对于消费者而言，生活中的场景是最佳的需求触发方式，因为场景是消费者生活中必然会接触的状态，而恰当的场景背后隐含着品牌能撬动消费的需求机会，如"520""深夜加班""带着孩子吃饭"。

分众百大案例的第二个增长路径就是开拓更多的场景，激发消费者的需求。分众媒体资源的位置普遍位于城市写字楼和社区，这两类位置能更好地连接消费者的工作和生活场景，再配合不同的人群、不同的时间等维度，能够关联更多的场景来激发消费者对品牌的新需求。

在特定的时间节点唤醒需求

花西子借情人节在分众电梯里打出"送花不如送花西子"，

结果开创了男生购买彩妆的商业增量。"520"和七夕，花西子继续发力，在分众分别推出"一生锁爱，永结同心"的带锁唇膏和"天作之盒"大礼包，利用情侣节日激发男性用户购买彩妆送礼的需求。

小罐茶在中秋将至的时候，投放了该品牌史上最长的"1小时感谢信"广告视频。广告中以"这条路很长，要感谢的人很多"来调动消费者在中秋节对贵人的感激之情，用极致情怀来触碰消费者心灵，激发消费者买小罐茶作为感谢礼物的需求。这个广告获得了微博 5.5 亿次的热议，天猫上的小罐茶产品几乎全部卖空。

在特定地点唤醒需求

疫情期间，人们尤其关注卫生问题，很多电梯里甚至会专门放一次性牙签做按键工具。舒肤佳抓住机会，在电梯间投放广告。人们一转身，就会发现舒肤佳通过电梯海报提醒人们触碰按钮会增加感染风险，到家要用舒肤佳勤洗手。这一策略就把"场景-消费者痛点-产品特点"迅速连接起来。

绝味鸭脖基于写字楼办公场景、社区居家场景，打出"没有绝味鸭脖加什么班！""没有绝味鸭脖追什么剧！"等一系列广告语，在小区、办公楼电梯等日常生活主要场景中反复出现。消费者深夜加班抑或下班回家不断看到电梯里的广告，就会激发其在特定场景想到绝味鸭脖，带动购买需求。

在特定人群中唤醒需求

帝泊洱把目光投向了写字楼内的年轻人。2021 年，帝泊洱联手分众，在写字楼电梯内大量投放"去油解腻，不费功夫"的广告。写字楼内因生活不规律、饮食过剩而处于亚健康状态的年轻人在电梯间内反复看到广告，他们对身体亚健康的焦虑便被调动出来，继而激发其购买"去油解腻"帝泊洱茶饮的欲望。

西贝在电梯口打出"家有宝贝，就吃西贝"的广告，就是抓住家庭中的孩子，是以人物触发需求的典型。当消费者带着孩子找地方吃饭时，西贝就会是跳入其脑海的优先选择之一。

妙可蓝多奶酪棒则针对儿童营养这个场景，提出了"放学回家来一根，运动补充来一根，快乐分享来一根"，在成为奶酪棒领导者的基础上，继续把奶酪棒从低频零食推向高频零食，营收连续 3 年实现翻倍增长，成为中国奶酪行业龙头。

逻辑三：全域提升

凯度通过 360 次总营销投资回报率（total marketing revenue of investment）研究证实，在真实市场环境中，有 70% 的销售在中长期发生，由品牌资产贡献，而短期直接转化实现的销售仅占 30%。品牌广告所打造的品牌资产才是带动中长期增长的核心。

品牌广告的重要性不言而喻，然而从投放品牌广告到实现营收增长会有一定的"滞后期"，这使得很多企业难以下定决心，或者在投放品牌广告时，会提出一个核心需求，就是希望能够"品效合一"。

当然，"品效合一"是个伪命题，品牌广告和效果广告的作用逻辑完全不同。不过，企业的这个需求背后，是它们希望品牌广告发生作用的"滞后期"尽可能缩短的愿望。

针对这一需求，分众提出，品效虽然无法"合一"，但是可以"协同"，并且在百大案例中打造出多种解决方案。"全域提升"这一增长逻辑在于打通品牌广告与渠道终端的关系，在品牌广告建立 C 端认知的同时，使线下、线上的渠道端也能通过资源置换、数据打通、生活圈联动等手段，使消费者和渠道形成共振，大大缩短消费者从接触广告到购买转化所需的时间。

渠道资源置换

对于很多电商平台以及线下的渠道商来说，分众对 4 亿城市人口的覆盖能力是可观的流量资源。所以我们会看到，许多品牌广告会带有天猫、京东的元素，或是线下终端的元素，如沃尔玛、孩子王。通过向这些平台 / 终端引流，品牌也能置换到平台 / 终端的资源。

比如我们看到很多分众奶粉广告中会出现附近终端门店的标识和地址。消费者前往此终端门店，会看到该品牌的奶粉正摆在店内醒目位置。通过品牌广告为渠道引流，增加了与渠道的谈判筹码，在双赢的合作下加强广告投放的品效协同效果。

投放数据回流

分众不仅可以通过两百多个楼群标签数据分析精准选楼，还与天猫数据银行实现打通，基于人群洞察与再分析，使品牌可以在电商域内进行更有效的二次运营。

以好来牙膏为例，投放广告的城市与未投放广告的城市相比，消费者行动指数（搜索、浏览、收藏、加购、下单等行为）提升 64%。而在投放城市中，接触到广告的消费者行动指数比该城市平均值又有超 1 倍的提升。全域联动式的营销链条使线下品牌广告和线上效果广告能够实现更广且更高效的闭环。

3 公里生活圈

零售领域有个重要的概念叫"3 公里生活圈"，即消费者 60% 的交易都发生在 3 公里生活服务范围之内，吃饭、娱乐、养宠物、美妆等都是常见的场景。基于分众的后台大数据，品牌可以根据自己的门店、终端选择 3 公里范围内的社区、写字楼进行广告投放。覆盖 3 公里生活圈，缩短了消费者从"看广告"到"到店消费"的转化路径。

以飞鹤有机奶粉投放分众电梯海报为例，分众的 FPS 系统基于位置服务和分众大数据的精准选点系统，选择了飞鹤核心母婴终端周边 3 公里母婴潜客浓度更高、有机产品购买率更高的高端社区投放，形成目标消费者、战略产品和 3 公里终端之间的高效"引流联动"。

逻辑四：区域攻坚

我们在调研企业家对于投放分众的看法时，发现不少企业家会产生下面的疑虑。

"投放分众需要大量的预算,对于我这个中小企业来说,压力较大。"

"好像不是全国性的投放,分众很难产出效果。"

带着他们的疑问,我们在分众的百大案例里格外留心了非大预算、非全国性投放的品牌,也确实找到了很多区域打法的亮点案例。

其实,覆盖全国的饱和式打法是最能够引爆消费者认知的方式,但这种打法并不一定适合所有的品牌。

比如成长中的品牌,其资金实力以及渠道承接力不足以支撑全国性的通投。一是因为在资金有限的情况下,"撒面粉"式的全国通投难以在消费者端形成认知,无法充分影响消费者;二是因为如果一个城市的渠道承接力弱,投放后顾客找不到相应的产品,那么广告投放费用就浪费了。

还有一些区域性的品牌如本地餐饮旨在深耕本地市场,不需要做全国性的投放。甚至部分品牌的核心任务是对某一城市进行重点攻坚,也没必要进行全国性的投放。

所以区域攻坚的增长逻辑就是为很多不需要或者不能做全国性投放的品牌而生。分众目前已经做到覆盖全国 300 多个城市,超 260 万个终端。在这样大量的资源基础上,分众具备打透任何一个城市的实力。

所以品牌在投放选择上可以通过聚焦资源在一个或者多个城

市形成区域攻坚。这种打法有两个好处：第一，用更少的资金形成一个区域的热销和认知，最大化利用资源；第二，打造出来样板城市后，可以在更多城市复制打法。

蒙牛旗下的每日鲜语作为高端鲜奶品牌，想要坐实高端鲜奶地位，撬动主流风向标人群是关键。而上海作为一线城市，高端牛奶的消费潜力巨大，拿下上海既能使其成为每日鲜语的粮仓、根据地，也能使其成为品牌的势能标杆。不过，上海已被强势本土品牌占据，每日鲜语想要攻占上海并不容易。

在汤唯代言之后，每日鲜语与分众共创了别开生面的沪语广告，请有代表性的上海人用上海话告诉上海的消费者：今天有腔调的上海人喝的都是每日鲜语。这种基于区域攻坚打法的创新性地域表达更引人关注，不断重复触达上海消费者，让每日鲜语等于"高端鲜奶"的形象深深植入消费者认知。每日鲜语自上市以来，销量连续三年翻番，稳居高端鲜奶第一品牌，进一步夯实了其高端鲜奶新标杆的地位。

2019 年，飞鹤虽然以"更适合中国宝宝体质"登顶中国奶粉第一品牌，改变了中国奶粉品牌长期被外资品牌压制的格局，但在北上广深等一线城市，飞鹤的市场占有率、品牌认知依然低于外资品牌。飞鹤要想成为中国奶粉第一品牌，不能只做二、三线城市的领导者，也必须成为一线城市的领导者。但在这些一线城市，消费者更加青睐外资奶粉，飞鹤只有用更强的火力才能突破外资品牌的认知壁垒。

2019 年、2020 年，飞鹤以分众作为核心媒体开启对北京的进攻，以远超竞争对手的火力进行引爆式投放，结合过往已经打磨成熟的渠道战术，在 2020 年成功问鼎北京奶粉市场销售第一，攻下了外资奶粉认知更强的一线城市。

最后，总结一下分众擅长的四条增长逻辑。

第一，产品破圈：突破原点人群圈层，利用饱和攻击实现广谱人群的破圈式引爆。

第二，开拓场景：利用场景作为触发器，激发消费者需求，打开新增量空间。

第三，全域提升：利用资源置换、数据回流、覆盖生活圈半径等独有的投放方式，使品牌广告能够实现品效协同。

第四，区域攻坚：在预算有限或有明确主攻区域的情况下，通过分众聚焦资源实现区域的饱和攻击。

今天，企业不可避免地要面对大环境剧变、增长焦虑的情况，但越是这样越要找对方法。品牌传播是企业的增长重点也是难点，很多企业并没有思考清楚品牌与消费者、品牌与媒介、媒介与消费者之间的关系，也没能回归底层思考，反而喜欢追逐"潮流"、追逐"红利"，放大了潜在的经营风险。

分众百大案例所指向的四个增长逻辑是新时代增长的范本之一，这种能够带来相对确定的、良性的增长的逻辑是难能可贵的。也期待每个品牌都能找到适合自己的路径，破解增长焦虑。